如何成为一名好老师

RU HE CHENG WEI YI MING
HAO LAO SHI

汪志广 ◉ 著

中央民族大学出版社
China Minzu University Press

图书在版编目（CIP）数据

如何成为一名好老师 / 汪志广著 . —北京：中央民族大学出版社，2018.7（2023.5 重印）

ISBN 978-7-5660-1517-4

Ⅰ.①如… Ⅱ.①汪… Ⅲ.①师资培养—研究 Ⅳ.①G451.2

中国版本图书馆 CIP 数据核字（2018）第 142460 号

如何成为一名好老师

作　　者　汪志广
责任编辑　赵秀琴
策划编辑　罗丹阳
责任校对　胡菁瑶
封面设计　舒刚卫
出版发行　中央民族大学出版社
　　　　　北京市海淀区中关村南大街 27 号　　邮编：100081
　　　　　电话：(010) 68472815（发行部）　传真：(010) 68933757（发行部）
　　　　　　　　(010) 68932218（总编室）　　　　(010) 68932447（办公室）
经 销 者　全国各地新华书店
印 刷 厂　北京鑫宇图源印刷科技有限公司
开　　本　787×1092　1/16　印张：19.5
字　　数　185 千字
版　　次　2018 年 7 月第 1 版　2023 年 5 月第 11 次印刷
书　　号　ISBN 978-7-5660-1517-4
定　　价　48.00 元

AI时代，我们该如何做好老师
（代序）

什么样的老师才算得上一个“好老师”，为什么一定要做一个好老师？这对于每个教育工作者而言，是亘古不易、常思常新的话题。这个话题常使人不由自主地想起韩愈先生在《师说》里的那句名言：“师者，所以传道受业解惑也。”既然传道、受业、解惑是老师的基本职责，那么，能做好传道、受业、解惑工作的大概就应当是个好老师了吧。

毋庸置疑，不同时代的好教师标准并不相同，韩愈先生的解释似乎也显得笼统，尤其是在当今飞速发展的年代里更显得不够清晰。

2017年5月，举世瞩目的“人机大战”，阿尔法狗再次赢得胜利，而后关于AI（Artificial Intelligence，人工智能）如何影响人类命运的讨论再次呼啸而来。6月7日下午，两台机器人参加了数学高考，分别仅用22分钟和7分49秒就获得了105分和134分的成绩，从而打破了教育圈的宁静，学校教学是否会被AI所取代的质疑声不断涌现，而教师这个头带光环的职业是否还能继续存在的担忧接踵而来。不得不讲，当前改革中教师为每个学生“私人定制未来”的做法使以往学校教育立足于更快让学生站在前人所创造的丰富历史文化成果的基石轰然坍塌，取代的是知识的碎片化，学习的活动化、浅表化。教师因怕被指责为“权威主义”的严师而开始取悦受教者，更多忙于表现亲切和妥协，迎合学生的趣味，纵容学生的懒散，教书与育人的职责也渐行渐远。为此，加塞特专门发明了“新亚当”（the New Adam）一词，就是指受过教育的野蛮人，看似更聪明、更敏捷、更有能力，然而却只有零敲碎打的思想和空洞无物的言辞。钱理群等教授也在呼吁教育不能培养精致的利己主义者。更糟糕的是，“范跑跑”等个别校园事件中教师的失德失范行为更导致了整个教育行业出现了信任危机。

教育是从心灵出发的一份伟大的事业，教师是想象力和创造力的综合体，是感情和智慧的统一，既能够“以理服人、以情感育人”，更能够“春风化雨、润物无声”。阿尔法狗赢了，人类输了围棋，我们会因为遗憾而流下眼泪，可阿尔法狗就算赢了棋也不会微笑。换个直白点儿的说法就是，做一名老师或者说做一名好老师就必须做阿尔法狗难以做到的事情：超越课堂界限，把教育从课堂延伸到课外，关注课堂之外的工作对学生学习的影响；超越学科界限，以完备的知识体系和跨学科能力提升学生综合素养；超越自我界限，以学生为本，针对学生不同需求采用相应的教与学策略，努力关注每个孩子的心灵、个性成长等。习近平总书记认为，教师的工作是塑造灵魂、塑造生命、塑造人的工作。一个人遇到好老师是人生的幸运，一个民族源源不断地涌现出一批又一批好老师则是民族的希望。他把好老师归结为四个标准：要有理想信念，要有道德情操，要有扎实学识，要有仁爱之心。

本书作者在学习、从教、管理、研究的过程中，不断思考关于老师、关于教育等一系列问题，尝试着寻求老师的价值是什么，好老师是怎么成长起来的，好老师的培养是否有规律可循等问题的答案。就本书文风而言，有引经据典，也有大题短论，有直抒胸臆，也有娓娓道来，尽管有疏漏之处也有失之周详的地方，但窃以为是对“四有好教师”问题的上佳回应，是对教师专业成长之路的有益探索。当然，本书涉及的问题无论是在国内还是国际上，都有不同视角的讨论，这本小书只是一个起点，对于教师教育发展之路的研究还将不断深入，作者和我对此都深信不疑。

我赞赏作者在工作中思考，在思考中工作的务实精神，更佩服其能够数年如一日关注研究教师发展这样一个复杂和变化性问题的坚韧不拔和迎难而上的勇气。本书付梓之前作者很希望我写点儿什么，忝当大任，不甚惶恐，谨以此文祝愿作者成果愈丰，祝愿更多的学者像作者那样求实、奋进！

张熙

2018年夏

向着好老师成长

我从1994年7月任教至今，20多年来工作岗位多次变动，但始终把做一名好老师当作自己奋斗的目标。2016年8月30日，接到张熙所长的通知，我正式到北京教育科学研究院基础教育研究所报到，参加当天召开的新学期工作会。这是我教师生涯的又一个新的起点，也是专业发展中又一个新的高度。我的心里充满了敬畏与感恩之情。这里是首都教育领域高端的专业研究中心和权威的决策咨询机构，是我心目中从事学校管理理论与实践研究的理想平台。能够调入北京教育科学研究院，得益于方中雄院长和张熙所长的赏识与接纳，这是我人生中莫大的幸运，也是对我专业成长的一个难得的认可与极大的鼓励。领导给予我的这份厚爱激励我向着做一名好老师的目标继续努力成长。

当老师是一种人生理想，是一种生活方式。做一名好老师是我自觉自愿的追求，赋予我事业发展的希望、勇气和向上、向前、向善的力量。老师是人类智慧的使者。好老师当然是指老师中的先进分子、优秀分子。好老师首先是一个好人，一个有道德的人，一个有爱心的人，一个受学生喜欢的人。这是最基本的要求。其次，好老师要专业合格，能胜任教师工作，即能做到有效管理，有效教学。有效工作不仅是一个老师的技能水平，也反映老师的修养水平。再次，好老师应当有境界，有优于、高于、先于常人的精神，有家国情怀，有使命担当。最后，好老师要做研究。不仅研究教学业务，更要研究学生和家长，研究社会发展的动向。好老师，好学生，好人生，老师着力的是学生个体品性的修炼，但由点及面而言，最终，净化的是社会风气，美化的是国家风貌。教育，今天让明天更美好。一切美好的梦想，都会因为教育而化为近切的未来！

来到北京教育科学研究院的新岗位，让我有机会静下来对过去22年的基层教师工作经历进行必要而深入的反思。人生很多事，只有静下来，跳出来，才能想清楚，才能看明白。加入基础教育研究所研究员的行列，既有利于我的既有经验升华，又可以推动我扩展工作视野，增强科研意识，提高教育研究能力，保持教育思想、专业知识和管理方法的先进性，鼓舞我在专业化成长的道路上，早日成为有思想的专业的教育研究者，以自身的学习、研究、服务引领中小学干部教师的专业成长，支持学校的健康可持续发展，为实现区域教育的优质均衡发展做出自己应有的贡献。

只有认真总结过去，才能在新的岗位上把自己的角色和位置摆对，调整好心态，干好该干的事情。一年多来，我对自己的基层工作经历进行了总结反思，形成了今天这本书。这本书收集的是个人的一些感悟。其实，背后是关心我、爱护我、帮助我的众多领导、同事、学员的智慧的集合。写这本书，首先想到的是对自己从教以来的思想和作为进行一番认真的梳理，进行自我反思。其次也有我对新时代做好老师的一些观察和思考。集中谈一谈个人的意见和建议。这本书不是为了独树一帜，表明自己的清高，而是当老师的人应该自省自警，这是从教者应有的责任和担当。写作也是为了让自己深刻思考，借助写作形成自己系统的教育理念，希望能够借鉴过去的经验与教训，把今天和明天的事情做得更好，希望我从事的教育事业能有更加美好的未来。

当老师的目标究竟是什么，不少人当了老师却未认真深入地思考过，或者想过但没有想清楚。许多老师把财富、地位和名气，看成成功的标准。其实，对老师来说，成功的关键是：第一，自身专业发展；第二，培养了自己期待的学生。老师的成功，主要不是体现在自己身上，而是体现在他的服务对象身上。老师是学生锤炼品格、学习知识、创新思维、奉献祖国的引路人。老师以学生的快乐为快乐、以学生的幸福为幸福。老师的高尚就在于无私奉献、成人之美。这是一个根本的定位。教育是解放人、发展人、成就人的事业。当老师的根本目的是成就学生、成就家长，努力成为人们心目中期待的好老师，为国家和民族的未来培养合格人才。

我的教师生涯是从一所基础薄弱学校起步的，我曾先后在北京市石景山区工作了10年，在海淀区工作了12年。入职之初是在石景山区古城第五中学担任历史教师和团委书记，在世纪之交于北京师范大学读取了教育硕士学位（教育管理专业）。2000年以来，我又先后在北京市石景山区教师进修学校（北京教育学院石景山分院）、海淀区教师进修学校、海淀区中小学干部研修中心（海淀区教育党校）担任干部培训教师、研究部副主任、研究室主任、研修中心副主任（党校副校长），这些岗位给了我丰富的教师职业历练和体验，是我一生受益的宝贵财富。虽然工作单位和岗位多次变动，但我多年来一直是在做中小学干部教师培训工作。输入是学习，输出则是更好的学习。培训讲课是推动我专业发展的有效途径和力量源泉。讲课让我感到充实、满足，自得其乐。讲课是我的兴趣，每一节课都是在丰富我的生活，都是在真实地表达自己内心。上课的时间是说真话的时间，说的话是从心底里冒出来的。自己都不信的话我是不会说给学员听的。在服务学员的同时，我十分注意向学员学习。讲学即求学，上课即上学。我所认识的人基本上都是教育系统的老师和领导干部。他们当中多数人不仅才华出众，而且人品高尚，和善亲切，深受周围人的喜爱。这本书不只有我个人的体验和学习心得，还有我从这些领导、同事和学员身上获取的大量经验，以及从他们身上感受到的深情厚意和人生智慧。每当想起他们，我都会心生敬佩、感恩、亲切、美好之情。人是一切社会关系的总和。我正是在和他们的交往中，找到并实现了自我的价值。

“汪老师的课，真正是把我给粘住了。听过之后，我的目标更加清晰！期待再次聆听您的教诲。”这是课后来自学员的让我听了最开心的话。每次下课，走在回家的路上，我总是陶醉在上好课的喜悦中。培训的影响很大，一次课往往会或多或少改变听讲的人。一个老师被改变了，他（她）会变成一把火炬，我的思想观念经由他（她）传播出去自然会影响别人，影响学生，影响家长……

教育工作，是一份常做常新、进步永无止境的工作。研究教育，对我而言，就是一场不断学习进而自我修正的持久战。教育工作不仅需要立德树人，感动灵魂，也需要带给人简单、轻松的快乐。对我来讲，这本书的写作某种程度上是一个“写作练习”，我想借此机会记下曾经的心路历程，无论多么幼稚乃至错误可笑，我也想试一试，是否可以写一本小而有趣的、关于老师的书，让读者在闲下来的时候能有兴趣来翻一翻、看一看。

当老师，只是想一想，我就能够感觉这份工作是多么令人兴奋。做好老师，我欢喜、我向往、我努力；教书育人，听从我心，无问西东。

目　录

第一辑

理想信念

正确理想信念是教书育人、播种未来的指路明灯。不能想象一个没有正确理想信念的人能够成为好老师。

——2014年9月9日，习近平在同北京师范大学师生代表座谈时的讲话

培育和树立文化自信

老师是人类灵魂的工程师，是帮助学生系好人生第一粒扣子的人。有了好老师，才能成就好教育，才能培养出好学生。一名好老师，理应是自觉的优秀文化传承者，自愿的道德行为示范者，自省的健康生活引领者，自信的民族精神塑造者。老师身正学高，教出的学生才会有信仰有力量，才能成为实现国家和民族梦想的主力军。

2017年春末，我参加了一次京城郊区的调研活动，调研期间了解到“某大学附中分校举办万圣节活动，被家长联名告到区委书记”这样一件事情。此事虽未见诸报端，但其所反映出的如何看待中小学过洋节的问题，如何树立和增强文化自信的现实意义，却值得教育同仁深思。

这件事发生在2016年10月31日，因为某大学附中分校举办万圣节活动，引发了当地一些家长不满，遂联名写信向区委书记投诉该校此举属于“胡闹”。信中说，“城里来了一批妖人不踏实办学，正经教书，却带着孩子们装鬼画鬼，胡折腾”。当时该校校长给出的解释是“区域文化差异”，暗指当地人文化素质低，心态不开放，视野狭窄；若是在城区，那里的家长更有见识，就能接受这类文化活动，就不会投诉。令人担忧的是，某校长给出的如此这般说法，当地许多教育同仁是基本认可的！时隔数月，竟然拿来说话，作为当地“家长素质低、生源差”的一个例证。

过洋节，在国人的眼里早已不是什么新鲜事物了。这是改革开放带来的文化效应之一。西方文化在中国的扩张，已由微风细雨逐渐演变成狂风骤雨之势。全球化时代，我们的确需要中西文化交流，增进彼此了解与友谊。但对西方文化知之不详的高中、初中学生，甚至小学生，都越来越热衷过洋节，中华传统文化和老祖宗留下的经典，渐渐被西方文化“蚕食”，中国的传统节日在年轻人的心里有越来越淡化的趋势。这就不免令人担忧了！

在我看来，某大学附中分校校长针对这件事的说法，应该说反映了我们中小学一些校长自身存在认识不足的问题。身为学校领导干部不注重时政的学习，没有正确的观念，对党和政府的政策把握有失水准。当前正是中央要求大力发展中华民族优秀传统文化，弘扬国学的时候。过洋节，或多或少有违树立和增强“文化自信”的精神，没有把握住正确的办学方向。

文化是一个国家、一个民族的灵魂。无论哪一个国家、哪一个民族，如果不珍惜自己的文化，丢掉了文化这个灵魂，这个国家、这个民族是立不起来的。洋节是西方文化的重要部分，我们不能盲目简单地否定和抵制，更不能崇洋媚外地全盘接收和西化。那么，中小学生到底该不该过洋节？我的个人观点是，中小学生还是尽量少过洋节为好，但学校可以适时开展一些中西方节日介绍以及中西文化比较等活动。中小学要尊重我们的传统节日，不要把洋节放到比自己民族的传统节日还高的地位上。

文化自信是一个民族、一个国家以及一个政党对自身文化价值的充分肯定和积极践行，是对其文化生命力持有的坚定信心。党的十八大以来，习近平总书记曾多次提到文化自信，传递出他的文化理念和文化观。中小学要用好五千年历史传承的文化力量，引导师生坚定对中国道路、理论和制度的信念，保持对中华文化和中国价值的自信，坚持按照又红又专、德才兼备、全面发展的要求，努力培养合格的建设者和可靠的接班人。

文以化人，文以载道。文化具有极强的渗透性、持久性，像空气一样无时不在、无处不在，能够以无形的意识、观念，深刻影响着有形的存在，深刻作用于经济社会发展和人们的生产生活。虽然大学校园里大学生可以过洋节，但中小学生、幼儿园的小朋友确实要慎过洋节，不应让学生产生“外国的月亮比中国的月亮圆”的心理。因为他们的心智还不成熟，人生观、价值观、世界观还未成型，很容易被洋节表面的热闹与花哨的形式所误导，觉得外国的节日比中国的节日好玩。从教育规律和人才培养规律来看，过洋节有引发民族虚无主义以及文化幼稚病的风险。从培养什么人和怎样培养人来看，中小学必须为学生的文化自信奠基，确立中华文化主体性，立好自己的“主心骨”，挺起中华文化的“精神脊梁”。

文化立世，文化兴邦。从小培养学生的文化自信，传承祖国优秀传统文化，是中小学义不容辞的责任和义务。中小学要主动引导学生过节，尤其是西方节日必须要有鉴别有选择，教育学生哪些节日可以过，哪些节日不应该过，并就相关政策做好宣传，在过节时自觉遵守纪律，避免铺张浪费。对于中国的传统节日，中小学完全可以加大宣传教育的力度，纳入地方课程和校本课程的建设行列，做好传统文化教育的顶层设计、课程的分层分类推进、文化课堂探究、文化校园浸润等方面工作。现在国家已经将清明、端午、中秋列入法定节日，这既方便了学校组织传统节日活动，让学生更多了解中华传统节日，关注传统文化的传承，又给了学生更多过节的机会与平台。

某大学附中分校校长对过洋节的解释，很大程度上伤害了许多群众朴素的民族感情和爱国主义精神。不能简单地用“文化水平低”来回应当地群众反对学校办万圣节的投诉。投诉是对学校的提醒。家长担忧过洋节会影响孩子的生活，这是一种民族文化的危机意识，这种危机意识应该转化为传承、发扬中国传统节日文化的动力。无论是洋节还是传统节日，学校举办节日活动都要主动争取家长的理解、支持和配合，引导学生树立正确的节日观。家庭是一个很重要的方面，家长是子女的第一任老师，家长的言行和教育对学生的影响力不容忽视。

中小学要树立和增强文化自信，大力践行社会主义核心价值观、弘扬中华优秀传统文化，在此基础上，也需要借鉴、吸纳世界各国文化的优长。历史上不断有外来文化涌入中华，但最后都融入中华文化之中，成为其中的一部分。中华文化有着强劲的生命力，我们要有这种自信。

坚持教学改革的正确方向

高考历来备受关注，其中最受关注的莫过于高考的作文题目。2017年高考已经结束，对高考作文命题的讨论依然余波未平。相较于全国卷和其他地方卷，北京卷大作文的命题给人一枝独秀的感觉。题目二选一：1.“说纽带”；2.“共和国，我为你拍照”。有媒体点评：今年北京的高考作文命题最“高大上”，已经从“北京特色”走向了“大国情怀”。如此命题很有深度，要想成为栋梁之材，必须多看新闻联播，多读课外书！也有网友说，北京卷的作文命题太政治化，缺乏语文味儿。网上众说纷纭，似乎莫衷一是。围绕“怎么看”和“怎么办”，我想谈谈2017年高考北京卷大作文命题带来的启示。

考试是“指挥棒”。考试是评价教学的主渠道，是选拔人才的关键环节。考试影响教学，考试决定教学，考试引导教学。考试与所有的学校、校长、教师、学生和家长息息相关。考试的目的在于促进发展、提高质量、保障公平、为国选才。考试既评价学生的学习情况，也评价教师的教学效果和水平，有利于发现学校教与学中存在的问题，反馈教与学过程中的各种信息。“文以载道，文道统一”，这是中国教育的传统。2017年北京卷大作文的两个题目，从不同的角度，引导学生要关心国家和民族的发展，激发学生对青年人的时代责任和历史使命的思考。由此可见，作文的命题立场是坚定而清晰的，即弘扬社会主义核心价值观，引导考生深入认知中华优秀传统文化的生命力，增强民族自豪感和自信心，关注生活，感受生活，思考生活，热爱生活。

“说纽带”这道作文题，既有历史性，也有现实感。今年恰逢“一带一路”高峰论坛在北京召开，许多学校曾为此做过准备。这个题目意在借助“纽带”的比喻意义，联系历史或现实阐述其作用、价值和意义等，以考查学生的认知水平和写作能力，引领学生主动观察身边人的生活，审视社会，学会关爱他人，观察现实，跳出自我封闭的小圈子。让学生在书面作文的过程中，经历一次思想与情感的淬炼。“风声、雨声、读书声，声声入耳；家事、国事、天下事，事事关心。”考试改革就应该让闭门读书者、死记硬背者没有出路，努力恢复读书人“以天下为己任”的优良传统，传承读书人“修身、齐家、治国、平天下”的家国情怀！

“共和国，我为你拍照”这道作文题，同样紧扣时代脉搏，突出焦点问题。“两个一百年”是中国共产党提出的奋斗目标，2049年是党带领全国人民实现伟大民族复兴的时刻。这一命题突出考查学生创造性思维。学生作文的立意、构思与选材，都应扣住“实现中华民族伟大复兴的中国梦”，应将“2049年祖国的模样”通过具体的情节或细节表现出来，这需要考生发挥想象力和创造力。要想学生在考试中取得好成绩，中小学必须在教学上进行相应的改革，要避免培养“只知死读书”、“两耳不闻窗外事”和“越来越自私的下一代”。

应对考试不仅是理论问题，更是实践问题。应对高考变革，关键是我们的校长和教师要主动改变。北京卷的作文命题取材贴近生活实际，具有鲜明的时代感，洋溢着当下时代的生活气息，又有纵深的思维空间，可以满足不同层次思维深度的学生自由发挥。网上关于“命题太政治化，缺乏语文味儿”的说法，其实是一种偏见，甚至可以说似是而非，是错误的。“文章合为时而著，歌诗合为事而作。”文学源于生活，而又高于生活。我们要警惕并反对“语文教学不讲政治，不讲意识形态，模糊政治立场”的错误倾向。从近年来“北京的符号”“老规矩”“老腔”，到“共和国的故事”“纽带”，都在引导学生关注我们生活的世界，关注自我和国家的命运，都在文化层面思考现实生活和社会形态的文化源头，将个人发展与国家、文化的发展联系起来，既有利于学生展望祖国辉煌前景，增强“四个自信”，也有利于其想象力的发挥。高考作文的命题，既给予了学生广阔的思维空间，也旨在引领学校日常的教学实践。

考试是教学的重要风向标。作为一种机制，考试所涉及的各方面都是一定教育思想、教育目的和价值取向的体现。通过考试的“指挥棒”作用，可以有力地扭转中小学改变目前课程教学中较普遍存在的忽视动手能力和创新意识培养，过于注重学生课本知识的掌握的倾向。为适应时代的发展，必须摆脱传统思维的羁绊，发挥考试对学校教育“总结性评价、目标导向性、提高教育教学质量”的功能。在教学中贯彻学习的目的不只是应付考试，而是要善于运用所学的知识、理论进行创新创造活动，学以致用，将书本知识与社会实践结合起来的主导思想，使教学有利于调动学生学习的积极主动性，有利于学生的个性健康与和谐发展，有利于激发学生实践创新能力。在北京，教育行政部门正在大力推进的中小学社会大课堂建设，就是让学生走出校门，走向社会，有计划、有目的地开展丰富多彩的课外、校外活动，开阔视野、增长知识，培养学生实践与创新能力。

教师服务学生，教师引导学生，教师决定着教学的方向与品质。教师能够看多远，就能够把学生领多远！闭门教书与闭门读书一样值得警惕！学生若是没有开阔的视野，有相当一部分责任在教师。遇到了观念守旧、方式僵化、不能与时俱进的教师，学生想要学习好、考好都难。践行“社会即学校，生活即教育，教学做合一”的教育观，要求中小学教师的教学必须善于从实践（际）要求与课程内容的联系和运用出发。教学活动要有利于帮助学生减少死记硬背，有利于培养学生灵活运用所学知识解决现实问题的意识和能力。同时，对课堂中所融入的新思想、新见解，以及国内外形势发展的新动态，也要进行考查，以检测学生课外学习、利用互联网获取新知识、综合分析信息和解决各种问题的能力。个人、社会、国家、历史、现实、未来、生命、生活、生存皆可进入学生笔下。有了强化应用与实践能力的教学实践，学生就可以写出有高度、有广度、有深度、有现实意义的文章。

坚持考试和教学改革的正确方向。2014年9月，国务院发布了《关于深化考试招生制度改革的实施意见》，其中明确提出：“深化高考考试内容改革。依据高校人才选拔要求和国家课程标准，科学设计命题内容，增强基础性、综合性，着重考查学生独立思考和运用所学知识分析问题、解决问题的能力。”这一指导性文件为中小学教师在教育教学中改变教学模式、培养和选拔人才上指明了方向。我们中小学教育工作者必须坚持立德树人，遵循教育规律，把促进学生健康成长成才作为改革的目标和归宿，扭转片面应试教育的倾向，坚持培育和践行社会主义核心价值观，弘扬中华优秀传统文化，培养德、智、体、美全面发展的社会主义建设者和接班人。高考作文的命题正努力向学生熟悉的现实生活靠近，引入学校、家庭、社会现实的鲜活材料与时尚话题，给学生充分的自主选择与自由发挥的空间，让学生觉得有话要说，能够各抒己见、畅所欲言。

目前，中小学教学研究中存在一些“说不清”的问题。譬如：如何从“考知识”为主向“考能力”为主转变；如何把考试变成学生实现自我价值、体现自我价值的竞赛活动，把考试的过程变成提高学生能力和水平的过程；如何减少学生对考试产生烦躁、厌倦及畏惧的心理；等等。这些问题的产生实质是对教学工作的形势和发展变化趋势缺乏深入系统的研究，思路在旧框框里打转，办法在旧工具箱里翻找，创新意识不够，以至于缺乏有效的对策，或者盲目乐观，或者草木皆兵，进退失据。

考试和教学改革的真正实现，依赖于全体教师与学生观念的深层次转变。为了适应经济社会发展的新形势，更好地贯彻党的教育方针，深化教育领域综合改革，促进学生全面而有个性的发展，中小学的教学和考试研究，必须要坚决贯彻中央精神，坚持问题导向，坚持开拓创新。真正弄清考试变革的历史脉络和现实矛盾及其产生根源，理性透彻、客观辩证、积极主动地转变教师的教学方式和学生的学习方式，深化课程改革和人才培养模式改革，加强实践基地建设及教学团队建设，强化教学质量管理体系建设。

研究工作是为科学决策提供服务的，是领导决策的前提和基础。考试和教学研究，要有很强的现实针对性和历史穿透性，以及指导性和操作性。中小学教育者必须思考如何面对新形势，怎样实现新发展。要进一步探索把握时代新人的标准和要求，把“培育什么样的价值观”同“培养什么样的人”更加紧密地结合起来。认真学习政策文件，努力读懂考试传递的信息，这就是重要的途径和方法。

理智看待教师辞职

教师辞职的新闻很多，我的观点是，有些人的辞职离开未必不是好事。“流水不腐，户枢不蠹”，教师的流动有利于教师队伍的建设。自古道：“好事不出门，坏事传千里。”遇到这类负面消息，我们应该理智看待，具体问题具体分析，切不可大而化之，推而广之，把某个人或某些人的问题扩大为所有人、全行业的问题。我们的教师队伍整体是稳定的，教育工作环境、教师工作待遇总体来说是在向好向上不断改善的。只要看看近年来各地教师招聘考试时，青年学子争相报名的热潮，“十选一”甚至“百里挑一”激烈的竞争，就不难发现，如今想当教师的人很多。

在有人辞职的同时，更多的热爱教育事业的人坚守在教师岗位上，也有众多的教师在平凡的岗位上过着有滋有味的生活，享受着教书育人的职业幸福。人各有志，路都在自己的脚下。如果有人一边干教师工作，一边嫌弃、抱怨、指责这份工作，没有对教育事业的热爱和奉献精神，没有对教育事业的敬畏之心，或者另谋高就，那么选择离开，于己于人其实都是好事。教育关系孩子的健康成长，为国家和民族的未来奠定基础，责任重大，不宜将就凑合。这些人的辞职各有各的原因，我们要保持理性思维，平常心看待，给予祝福，希望他们在别的岗位上能够尽快实现自己的兴趣、愿望和人生价值。学校教育应该追求“不放弃每一个孩子”，但并不追求“不让每一位教师辞职”。

教师辞职的原因是多种多样的，千人千面大不相同，但其中也是有规律可循的。适者生存，不适者被淘汰或者自我淘汰，这是一个社会规律。具体分析起来，教师辞职大致有以下因素：

一是专业理想不坚定。一些人之所以辞职，是因为从事教师工作的专业理想动摇或者是原本就缺乏。有的人仅仅把教师工作当作一种谋生的手段，有的人本来就没有为教育事业献身的精神追求。为什么人的利益而工作，才是最根本的问题。教育是服务，教师就是服务员。没有服务奉献意识的人就不应当教师，即使当了，也不能成为一个称职的教师。做好老师常常需要付出更多的时间和精力，来捍卫这份职业的高尚和心中的荣誉。

二是专业能力不足。教师工作任务重、负担大，有的教师在忙碌中失去了自我反省、自我提升的能力，劳累而又无趣，想辞职后寻找更能发挥个人所长的工作。

三是专业兴趣变化。专业兴趣对于一个人的职业选择通常有很大的影响。当社会环境、条件发生较大变化时，一个人的职业兴趣也往往会发生变化。有的人辞职并非因为教师工作赚钱少，只是专业兴趣变化了，想辞职去体验新的工作、生活方式，多一些人生阅历。

四是工资待遇低、社会地位不高。有的教师因为感受不到自身价值，无法获得事业上的尊严感，想辞职后寻找能为其提供更优厚待遇的岗位。毕竟，提高教师的工资待遇以及在全社会形成尊师重教的风尚等，仍然“在路上”，有待社会各界进一步的努力。

五是自身心智不成熟。有的人是想用辞职来释放内心的工作压力，缓解或回避学校内部人际间的冲突纠纷。有时，教师辞职只是一时的冲动之举，带有盲动的色彩。

教师辞职的原因还有很多，每一个原因的背后都有一个对生活有自己的想法、独特的、活生生的人。

辞职是教师个人的选择。只要在合同规定的范围内，不影响学校的正常运行，教师辞职，校长应理性看待，予以尊重。辞职不是小事，在一定条件下，工作内容、生活习惯、家人朋友等对教师都有牵挂羁绊，不是谁都能随意更换工作。辞职不仅需要条件，更需要勇气，并非每个人都能做到。目前，并不存在现实的教师“辞职潮”。如果某学校在某个时期，出现了大量老师辞职的情形，那一定是学校的管理工作，尤其是校长自身出现了严重的问题。

作为一校之长，面对大量老师“请辞求去”的状况，校长首先应当考虑学校稳定发展的大局而不是个人的荣辱进退，必须深刻反省自身工作存在的不足，乃至错误，以实际行动争取老师们的谅解、理解和支持。必要时，校长可以用辞去校长职务的方式为问题解决创造重要的前提条件，赢得情势转圜的空间。

如果事情没有发展到需要校长辞职下台以示负责的程度，那么校长还是可以积极应对，有机会化解危机的。具体来说，可以做好以下几点：

第一，及时反省自己，以实际行动纠偏纠错。一个学校如有大量老师请辞，说明学校内部的干部与群众关系紧张，群众基本利益受损，矛盾激化。校长作为主要负责人，首先要检讨自身管理中的问题，反省自身对待工作是否存在“不热心、不尽心、不细心、不用心、不安心”的问题；对教师日常反映的问题是否存在“避重就轻，思考不够，采取的对策措施少，不能及时处置”的情况；发生干群矛盾时，是否能够做到“坚持原则，公平公正，无私心杂念，维护职工正当利益”。校长不仅要检讨自己的管理方法策略，更要检讨在利益分配的方式和学校工作价值取向上的对与错。尽快在教师最关心的突出的利益问题上，以实际行动纠偏纠错，回应群众关切，让群众获得实际利益，从而赢得群众的信任。

第二，稳住心态，转换方法处理问题。校长要仔细分析教师辞职的主观和客观原因，对症施策，走好群众路线，相信群众，依靠群众，借助谈心谈话，开展批评与自我批评。同时，积极依靠党组织，以“干部评议、党员民主生活会、教师座谈会、教职工代表大会”等多种渠道争取谅解、理解和支持，达成化解辞职危机的共识。积极倾听教师心声，努力成就教师的合理愿望。每一间教室、每一堂课都是学校成就教师的舞台。要开展丰富多彩的校园文化活动，让教师在校园里通过成就学生的方式成就自己，成为有魅力、有成就感的学生引路人。

第三，引领教师专业成长，减轻教师工作

负担。学校对引领教师专业成长有不可推卸的责任，学校有义务在工作的过程中通过培训、指导等方式，提高教师的教育业务水平和思想道德水准，让学习变成工作惯例，引领教师做“四有好教师”。要让教师懂得如何成长，学会自我肯定和自我学习，提升职业幸福感。在教育改革的过程中，教师付出一定的努力和心血是应当的，但作为学校领导者，校长一定要善于体恤教师的难处，避免过分地增加教师的工作负担。

第四，培育学校文化，提升教师的专业技能与情操。学校质量来自于教师的质量。学校重视教师，不能仅仅是一个愿望，或者停留在口头上，必须要有组织与制度的保障。要经常举办名师名家的报告会来激励教师评选“名师”，成立“特级教师工作室”“名师工作室”等，推行“导师制”，给教师以成就感。开展社团活动补充教师内心的能量，激励教师终身从教。学校可以成立“快乐教师工作坊”，开展拓展活动；也可以在教师中组织读书会、音乐沙龙、羽毛球社团、足球社团、篮球社团、乒乓球社团、自行车队等。教师的社团活动可以由学校党支部和工会牵头组织，让教师在业余生活中释放压力的同时提升专业情操和文化品位。我们做老师，不仅因为工作可以解决我们的生计问题，可以提高我们的生活质量，还因为工作中的困难能锻炼我们的意志，工作中的任务能拓展我们的才能，更重要的是我们要在教育工作中体验人生的意义。

教师忽然辞职和女教师生二胎，这都是校长挡不住的事情。教师忽然辞职，通常学校做一些应急的工作调整即可解决，不致影响大局。由于之前教育行政部门和学校都没有制定二胎政策的预案，女教师“扎堆”生孩子造成了教师紧缺的现实状况，这需要校长积极应对，保障学校工作平稳有序。我的观点是，校长要坚持依法办学，讲政治、顾大局，争取组织的支持，挖掘社会资源，做好必要的学校制度建设。

一要讲政治，以人为本，校长对女教师生育二胎应持关怀的态度。目前，多地中小学将普遍迎来女教师“产假式”缺员。女教师集中生育确实会对教学秩序造成一定影响，但校长必须要清楚，生二胎这是国家政策赋予女教师的权利。不能以剥夺或限制生育权的非法手段来解决难题。

二要依靠组织，相信政府，向当地教育主管部门提出建议。女教师集中生育对学校教学带来的影响，不是一个单靠学校就可以轻易解决的问题，教育行政部门要切实提供必要的经费支持，加大学校人事自主权。校长可以申请增加教师编制，或者区县教育行政部门应适当留出部分机动编制，成立教师“储备库”，以便应急补充到师资紧缺的学校。哪个学校有女教师休产假，提前向该机构申请，由这个机构派遣临时代课教师。

三要开门办学，利用社会资源，建设临时聘用师资储备库。在暂时无法增加编制的情况下，学校可以将有经验的退休教师、代课教师、尚未就业的师范毕业生纳入临时聘用师资储备库之中，建设好学校师资配备的“蓄水池”，一旦学校有老师辞职或请产假、病假，急需人员顶岗代课，随时可以到这个人才库查找，择优上岗，解决师资短缺问题。学校内部，做好代课教师、临时聘用教师“同工同酬”的制度设计。同时，校长也可考虑以购买社会服务的形式，与民办教育培训机构合作，缓解“教师荒”。许多规模较大的民办教育培训机构，拥有数量众多的专职老师。这些老师的作息时间和公办学校的老师作息时间正好相反，所以他们可以在公办学校内兼课。

四要对学校内部的人员和工作做必要的调整，增加适当比例的男性教师。二胎新政实施后，女教师集中怀孕，放大的是教师性别比失衡的老问题。男性教师在中小学比较稀缺，学校增加适当比例的男性教师，不仅可使教师队伍更加稳定，而且有助于学生心理健康成长，男教师通常可以教孩子更勇敢和坚强，对学生的心理教育很有帮助。

补足精神之钙

理想信念是一个人的精神之钙。一个老师从教，传道受业解惑，不止需要物质保障和学识才能，更需要精神的力量。因为教育是直指人心的事业。苏联教育家马卡连柯说："培养人就是培养他对前途的希望。"人心是复杂的，教育是困难的，老师的工作充满挑战。当今社会公认的事实是，中小学生越来越聪明也越来越难管，甚至幼儿园的孩子都时常让身边的大人们焦虑。家长对学校和老师的期待越来越多，越来越高，社会对教育工作的要求标准越来越具体，越来越严格，当老师真的不太容易。

做好老师需要内心强大，要补足精神之钙。理想信念统率人们的灵魂。一名老师有了正确的理想信念，才能克服职业生涯中的各种困难，无畏各种挑战，迎难而上，把自己的理想信念融入到现实的教学工作之中，帮助学生筑梦、追梦、圆梦。

我曾经梳理过教师难当的原因，大致有以下十个方面：一是教育改革和发展对教师提出了越来越高的要求。二是教育快速发展与优质教育资源短缺，造成地区之间和各个学校之间的巨大差异，加大了不公平。学校之间的差别主要是教育资源配置上的不均衡，差别的加大造成了心态的不平衡。三是生源减少引发教师岗位竞争，“人事制度”逐步转向“人市制度”。流动的加快是机遇也是威胁，引发不安全感的产生。四是学生考试成绩与教师工作业绩紧密联系的评价导向，机会和条件的不公平让人有挫败感。五是过多的检查、评比、竞赛和进修学习给老师造成的负担。六是家长与社会对教师职业过于苛刻的要求。社会变化要求教师在职业上升级换代，这个过程对有些人来说真的是痛苦的。七是学生越来越难管。八是经济环境因素，教师的工资报酬相对偏低，未来生活充满了不确定性，使人焦虑不安。九是部分教师的困惑，在教学业务上，事实上存在的“高考状元不出杰出人才”的争议和“第十名现象”，让老师在日常教学中对学生的要求显得不那么理直气壮，高分未必意味着高能力、高成就；人情方面，学校内部竞争加剧了教师之间的利益冲突，感情因素相对淡化了，教师缺乏对学校的归属感。十是现代人的生活方式造成了时间的紧迫感，教师在日益忙碌的工作中容易产生浮躁、焦虑、郁闷、失落、孤独等心理问题。

面对纷繁复杂的世俗生活，做好教育工作，非常需要老师保有积极、开放、和谐的心态。心态是指一个人的精神状态。精神状态是由人的思想意识来定位的。一个人只有树立了坚定正确的理想信念，才能保持良好的心态，才能够获得事业的成就和生活的幸福。

教育是理想的事业。有的人认为"理想很丰满，现实很骨感"，觉得理想是虚空的。人的理想信念一旦动摇滑坡，就必然会萎靡颓废，甚至误入歧途。坚定正确的理想信念是老师的内在动力，是做人的浩然正气。一个人为了理想去工作，工作本身也就是自我成就，是件快乐、幸福的事情。子曰："志于道，据于德，依于人，游于艺。"我们的至圣先师认为做人做学问，首先要把目标放得高远。理想是力量的泉源，是学习的动力。法国思想家罗曼·罗兰说："一种理想，就是一种力！"教学生立志，是教育者最基本的，也是最重要的目的。理想信念赋予一个老师的是，教书育人、安身立命的最根本的精神力量。科学家巴斯德说过："立志、工作、成功，是人类活动的三大要素。立志是事业的大门，工作是登堂入室的旅程，这旅程的尽头就有成功在等待着，来庆祝你努力的结果。"这段话生动地指出了职业理想和信念追求与事业成功的关系。老师心中有对世界、人生和自己的理想，教育学生的结果也就会更理想。

习近平总书记对做好老师提出四点要求，第一就是要有理想信念。这一重要论断指出了好老师的基本品格——坚守理想信念。有了理想信念，在年复一年、日复一日的教学生涯中，老师才能抵制各种诱惑，消除心理倦怠，保持心灵年轻，将真心奉献给学生。不能想象一个没有正确理想信念的人能够成为好老师。育人造士，为国之本。三尺讲台维系国家和民族的命运，每一个老师都负载着民族的希望。惟有志存高远，老师才能安贫乐道、乐而忘忧、甘为人梯、静心教书、潜心育人。

许多新老师可能之前的理想并不是当老师，但是随着对教育工作的投入和体会的加深，他们会发现教书育人的意义和乐趣。看到学生的进步，学生对自己深深的依恋，他们会感受到被需要的价值和内心升腾的职业幸福感。人人都有被认可被接纳自我实现的愿望，当一个人自发地努力做一名好老师时，他就会开始认真思考：教育是什么？我怎样教好学生？我要教出什么样的学生？这种思考和追问，会让理想在老师的心里扎根、生长、壮大。

有了理想信念，一个老师就成了自觉的人，自我实现的人。他会不断调整自己的成长规划，深化自己的教育观念，让碎片的教育知识变得系统化，形成自己的教育观；不断加深对学科与课程的理解，努力提高自身的专业水平和专业素养；转换研究的角度，从研究教师的教到研究学生的学；设计合理可行的评价方式，激励学生的信心。有了理想信念，老师才能撸起袖子加油干，主动将自己的智慧和汗水大量地投入到教育工作中，不过多地计较当下的物质回报，才能专心致志。任何一个行当，真正优秀的人都是有追求的人，全力以赴的人，忘我工作的人。许多老师之所以不够优秀，是因为他们从来没有全力以赴地努力工作过，干工作时总是觉得这份收入不高的工作不值得自己那么用心用力，把大事业做成了小买卖。

教师乃教育之本。好的学校，好的教育，归根到底都源于好的老师。好老师应该做中国特色社会主义共同理想和中华民族伟大复兴中国梦的积极传播者。习近平总书记指出，老师应该做学生锤炼品格的引路人，做学生学习知识的引路人，做学生创新思维的引路人，做学生奉献祖国的引路人，帮助学生筑梦、追梦、圆梦，让一代又一代年轻人都成为实现我们民族梦想的正能量。

提升职业幸福感

教师是特殊的职业。教师是千百年来人们谋生的众多职业之一，与医生、军人、警察、商人、厨师等其他职业一样具有谋生的性质。但是，教师还是一种特殊的职业，需要高尚的道德和奉献的精神才能做好。教书育人是个良心活儿，以人为工作对象，着眼于人，着力于人，以影响人的成长为目标，需要智慧，更需要感情，还需要讲究方法艺术。

教育关系新一代的教化与成长，关系国家民族的前途与命运，关系人类文明的传承与发展，具有特殊的社会价值。新加坡教育部颁发给校长的委任书上这样写道："在你手中是许许多多正在成长的生命，每一个都如此不同，每一个都如此重要，全都对未来抱着憧憬和梦想。他们都依赖你的指引、塑造及培养，才能成为更好的个人和有用的公民。"这段话指出了教育者的责任，值得每一位老师深思并践行。

老师的幸福感来自于我们的工作对象，我们面对的是纯净的心灵，我们辅导的是正在成长的人生，他们在蜕变、在追梦、在拼搏，他们日日新，我们也就如穿梭在春天里，所以我们得到的是农民看秧苗拔节的欣喜，我们期待的是他日鸿鹄展翅高飞，是那种希望相随的幸福。我们的教学内容是富有创造性的，我们的工作方法是必须富有创新性的，这都促使我们不断挑战自己，不断提升自己，感受一种进步的快乐。

老师的职业幸福感不是简单以收入的多少和负担的轻重来评判的，也不会因为教师的工资收入、工作量与其他社会职业的比较而轻易下结论。教师在工作上的投入往往是很难计算的。情义无价，责任无边，虽然教师的工资收入不能与高薪白领相提并论，但是教师的职业成就感幸福感、也常常是其他职业无法媲美的。教书育人对教师而言，不仅仅是一种谋生的手段，更是一种对生命的追求，是一种超越物质和生活层面的高层次的精神需要。教育不仅是无私的奉献，也是教师自我价值的实现！

真正的老师要把教育看作幸福的职业。我们对待工作的认识和追求，决定工作的态度，决定职业生活的品味。一个教育者只有懂得教育的本真意义，是出于自我认同和价值实现去做教育工作，并非迫于世俗外力；是出于立德树人而工作，而不是仅仅为获取个人的工资或饭碗而工作，他才能体味到做教育的幸福。老师从工作中感受到了幸福，工作才会有无穷的动力，他才会发现教育的辛苦不是牺牲而是享受。好老师通常必须付出更多的时间和精力，才能体悟这份职业的高尚和内心的认同。

我把老师对待工作的态度分为四个层次，与之相对应，老师的感受也是大不相同的。

第一个层次，把工作当任务。任务通常指领导交派的工作，是由上而下布置的要求，是不得不完成的事情。作为下属，任务常常难以选择，因此下属容易感觉被动，被要求被驱使，比较容易迷失自我，犹如提线木偶一般，像个工具。一个老师若是对工作没有追求，没有目标，就容易随波逐流混日子。越是不努力，越是感觉不到自己的存在价值，仿佛总是处于边缘，每天的工作重复低效，课堂上教了40分钟，但是却没有唤醒学生，自然也无法唤醒自己的激情与智慧，这样的工作状态何谈幸福？无聊、忧愁的情绪就会滋生、蔓延。自然而然，这种状况也就没有什么幸福可言。把工作当作任务，时时会有不愿面对的痛苦，即使完成了，后面还有如山一般的任务再次压来的担忧。

第二个层次，把工作当工作。工作的概念是劳动生产，主要是指劳动。一个人的工作，主要是他在社会中所扮演的职业角色。职业是谋生的需要。人们评价一个职业主要是考虑收入的多寡、劳动量的大小、工作内容的复杂程度等等。一个人若是不喜欢教师这个职业却仅为了谋生而从教，工作只是情非得已，勉为其难，硬着头皮干，那就很难找到乐趣。当一天和尚撞一天钟，领导安排什么就完成什么，看似配合，实则是完成任务而已。外界一旦有个风吹草动，每当谈及工资收入，就会感觉很吃亏，自己的工作辛苦，收入微薄，叫苦叫累，但又苦于没有别的谋生渠道，只能怨天尤人，埋头接着干。不求有功但求无过，这种被动的方式会让自己失去所有的兴致，过着特别乏味的日子，一天就是一年，就是一辈子。这样的状态是看着别人幸福，自己总在纠结，患得患失。一个老师仅仅把工作当工作，在工资收入不高的情况下，快乐幸福都会变得相当的稀缺。

毋庸讳言，提高老师的工资待遇，是有效提升老师幸福感的重要的基础保障。2018年1月31日,《中共中央国务院关于全面深化新时代教师队伍建设改革的意见》正式颁布实施，将提高教师工资福利待遇作为当前全面深化新时代教师队伍建设改革的着眼点。从长远来看，提高教师的经济待遇和社会地位，是从根本上解决当前教师职业吸引力不足以及职业倦怠的最有效也是最迫切的举措。

第三个层次，把工作当成学习。学习是指学习者因实践经验而引发的行为、能力和心理倾向的比较持久的变化。学习即成长。一个好老师常常是能够正确认识自己的人。一个人做了老师，要知道自身其实并不完美，依然有缺陷有不足，需要提高进步，需要把工作当学习，把工作的过程当作学习的过程。教学相长，在工作中老师既要发展学生，也要实现自身的成长。老师看到学生的进步，自己的理念在提升，水平在提高，由此带来课堂的改革和创新，就会有收获，有快乐，有幸福。老师自身看待教育的视野和角度在改变，学习的劲头十足，越学越能从教学中发现真问题，通过一个一个微转变，积小进步为大进步，就会让自己的价值得到越来越充分的实现。这样的工作状态是充实的，激情澎湃的。把工作当学习也是用发展的眼光看待世界。一个老师在现实生活中可能不算多么耀眼，但是他能从工作中意识到自己的使命，让生命与使命同行，工作的方法和目标达成一致，物质需求和现实状态不会处于矛盾之中，就能平衡自己的心态。老师从学生的点滴进步中，从每天学生的问候中，从学生顿悟的笑容里，从教学设计实施成功后像打通任督二脉血管舒张、脑清目明的感觉中，从研究学生的差异中找到教育密码的兴奋里，甚至是辛苦后的疲惫，困惑中的徘徊，都能感受到教育的神圣，老师责任的光荣。这份工作当中，既有农民的春耕秋收的期待，又有建筑师高屋建瓴的自豪，还有设计师别具一格的创新，更有医生看待生命的虔诚……这份工作就变得何其幸福，令人羡慕。

第四个层次，把工作当成生活。生活是指人类生存过程中的各项活动的总和，范畴较广，一般指为幸福的意义而存在。生活实际上是对人生的一种诠释。生活包括人类在社会中与自己息息相关的日常活动和心理影射。生活是比生存更高层面的一种状态，也是人生的一种乐观的态度。生活就是柴米油盐酱醋茶的琐碎，生活就是平平淡淡的守候，生活就是本本分分的做人，生活就是甜甜蜜蜜在一起。把工作当成生活，每天面对学校琐碎的小事不厌其烦，从琐碎处培养学生的习惯，让好习惯改变琐碎中的忙碌；把工作当成生活，接手一个新班，培养一批学生一年又一年，就是待学生像自己的孩子一样，在他们宝贵的青少年时光，青春岁月，留下陪伴的身影和真诚的守候，用平和的心态去静待花开；把工作当成生活，就是安心经营自己的班级小家，不去攀比，不去抱怨，让学生与教师、学校、社会、国家同呼吸，步调一致，让每个孩子都能发展，都有出彩的一天，本本分分做好每一件事。有规矩，不死板；能分辨，不苟同。

把工作当成生活，就是要掌握好工作的“度”。我真不希望看到老师成为“工作狂”。老师要避免没有必要的加班，减少无谓的“牺牲”。老师既不能为了一群孩子牺牲一个孩子，也不能为了一个孩子牺牲一群孩子，而要努力实现职业生活与家庭生活的兼顾，以达到教育学生与教育自家孩子的平衡。如何把握好这个“度”呢？取决于老师的智慧和心胸。好老师要善于换位思考，从学生的角度分析问题，自我管理。先反思调整自己，再教育管理学生。一个老师若是把学生当成自己的孩子，他们犯了错，你不会觉得是天大的事，就可以避免烦躁，也不会动不动就生气，去惩罚学生。其实，学生的犯错纠错的过程就是成长的过程。有些老师自己的孩子犯了错，就拿班里优秀的学生去与其做比较，自然越比越生气。老师看自己家的孩子也要像看学生一样，保持一定的理性，要去研究他犯错的原因，帮助孩子找到改正的方法，耐心等待孩子自我纠错。同样的道理，教师在工作中，看待学生就像看待自己的孩子一样，每天的教育都是为了学生的未来去设计。也有的老师因为工作太忙而无法照顾家庭，投入工作的精力太多自然就会影响老师对自己家庭的照顾。为了工作可以理解，但老师在工作中还是应该讲智慧，而不是简单地消耗精力。老师不要做苦行僧。在工作中学习成长是每个老师的必修课。正常情况下，一个老师应该越做工作，越会工作；越是忙碌，就越会有空暇；越是注重在工作中思考，越会找到办法，事半功倍。把工作当成生活，幸福也就自然蕴含其中，无须在自己的工作之外苦苦追寻。

若是把工作的体验分为四种，就会发现其实幸福的彼岸并不遥远。我认为对待工作的情感体验，大致也有四类：艰苦、辛苦、痛苦、幸福。

艰苦主要是指工作条件差，环境不好。一个人认为工作艰苦常常是把目光过多地投注到工作环境上，总是想更舒适，更轻松，注重了外部环境，却忽略了自身的改变和成长。一味抱怨环境的人就像背负了壳的蜗牛，虽然局促狭小却总也卸不掉，于是步履沉重，心不由己。

辛苦主要是因为事情多，工作量大，但也有工作者自身能力不足的因素。老师认为工作辛苦，是因为时常被各种管理或教学琐事杂务拖累，也有自己忽视学习与研究，不注意提升自身工作能力的原因。太忙太累往往是没有研究学生，没有研究教学，没有在工作中不断提升自己的能力，没有在研究规律中找到解决问题的有效办法，找到理论支撑，所以找不到工作的重点，日复一日地简单重复。班级管理靠严抓，成绩靠书山卷海，死记硬背，安全靠苦口婆心，检查一来急忙应付，工作一安排，赶紧去忙活，每天忙忙碌碌，却发现学生没有多大改变，家长不领情，领导也不认可，回家也没有得到家人的理解。离开了学习与研究，世界上没有一件工作不辛苦，没有一处人事不复杂。其实，与其抱怨痛苦，不如静心学习，潜心研究，日积月累，十年磨一剑，天道酬勤，每个努力的人一定会绽放光芒，只是时间和机遇的问题。

痛苦是指人心里感到难过或不愉快而表现出来的一种情绪状态。一个人工作痛苦，除去身体的劳累之外，主要是因为工作中没有追求，没有希望，没有实现价值，所以感受不到工作的意义和乐趣。没有意义的工作，即使工作再轻微也是负担。没有价值的工作，即便是拿根鸡毛，也是累赘，是麻烦，只会让人觉得痛苦。

幸福是指一个人的需求得到满足而产生长久的喜悦，并希望一直保持现状的心理情绪。幸福主要来自愿望的实现和需要的满足。教育最终以人的幸福为目的，关注人的幸福，培养人感受幸福、创造幸福、享受幸福的能力。学生的全面成长就是教师最大的幸福。老师要学会享受教育的幸福，享受关爱学生、尊重学生、成就学生的乐趣，享受教育活动本身的乐趣。

幸福在哪里？幸福需要修行，幸福在老师日常的工作里。一个老师如果把工作当成一种修行，就可以条件艰苦但不痛苦，工作辛苦但不苦恼。在平凡的岗位上，努力将心中的大愿望化成一个个小愿望，立足课堂，认真教学，改变学生，把经验铸成理论，用理论检验实践，锲而不舍，就会实现从烦恼到觉悟，从此岸到彼岸，逐步达到境界更高、胸怀更广、视野更宽的水平。一场修行就是把工作与社会责任当成人生的目的与意义，以教书育人为崇高的职责，并从中享受人生的乐趣，收获内心的平静与丰富多彩的幸福。

教育不只是一种谋生的职业，更是一项幸福的事业。没有职业幸福感的老师，不可能培养出幸福的学生。做好老师，要提升职业的幸福感，让幸福与教育同行——把自己的生命融入孩子的生命！老师就是在提升学生、成就学生的过程中实现自身幸福的人。

让自己增值

近年来，随着教师社会地位与工资待遇的不断提升，教师职业整体“增值”。许多地方出现了竞聘教师的场景，数千人竞聘几十个岗位。在这种竞争状态下，一个教师不增值，就有可能保不住自己的岗位。学校是职场，教师也须不断提升自身的价值，以更为优质的教育赢得较多的工资收入和荣誉回报。老师的价值在课堂，课堂是老师生命的舞台。老师要让自己增值，就是要让自己的课增值，让自己一堂课的教育价值越来越高，包含的智慧和情感越来越丰富。老师的价值提升是靠自身专业水平的提升来实现。好老师要自我提升，自我培训，自主成长。不用扬鞭自奋蹄。专业水平的提升要靠学习和研究。

让自己增值，需要老师抓住用好课堂，需要肯干实干。一切难题只有在实干中才能破解，一切办法只有在实干中才能见效。出汗长力，增值要在干事中实现。

课堂应该是无比神圣的。豫剧大师常香玉

有一句名言，“戏比天大”。对老师而言，这句话就是“课比天大”。神圣意味着崇高、尊贵，庄严而不可亵渎。老师的舞台在课堂，老师的价值也全靠课堂来体现。法国犹太裔社会学家、人类学家、社会学教授迪尔凯姆认为，在一个社会中被认为是神圣的东西，应该是它能代表价值、情感、权力或被公共的信仰赋予了使人敬畏或神圣的品性。我觉得老师应该让课堂幻化出这样的色彩。一方面靠老师的人格魅力。人格魅力是指一个人在性格、气质、能力、道德品质等方面具有的能吸引人的力量。这就是说，从任何角度去观察一个好老师，都可看到某种令人心旷神怡的东西，可以感动周围的人，还能有效地改善人与人之间的关系。“富润屋，德润身”，老师的人格魅力能涵养整个课堂。其实能真正被学生记住，感怀一生的并不一定是名气多么大的老师，恰恰是那些有着高远人格的老师；一方面靠老师对教育事业的忠诚，对教学工作的热爱，一种执着、笃定、兢兢业业的职业操守，这种精神品质对学生的影响是最大的，它胜过千言万语的说教；还有很大一方面来自老师的学识修养、知识底蕴、专业素养，这一点常常最能吸引学生，最具感召力，会激发学生无穷的探索欲望。这三大支柱支撑起课堂这座大厦，要想让这座大厦永远熠熠生辉，就得不断涵养这三种宝贵的品质。

课堂应该是智慧的荟萃。因为我们的课堂传承的是科学，是文化，是艺术，关乎人类的智慧，而要呈现它，没有智慧，如何能做到？教师对课堂的设计和驾驭能力，是多年潜心积累的经验幻化出来的。它可以让平淡的教学内容波澜起伏，它可以使晦涩的东西趣味盎然，它可以使艰深的知识浅近易懂。它是老师术业有专攻的华彩绽放，它也是老师沉潜多年钻研的长袖曼舞。富有智慧的课堂会让学生学得愉悦轻松，兴致盎然，它会让学生发现学习原来是一件很有趣味的事情。

课堂应该是创造性的延展。循规蹈矩、一成不变的课堂是让人生厌的，教者味同嚼蜡，听者昏昏欲睡。“作了茧的蚕，不会看到茧壳以外的世界”，课堂应该是涌泉活水，它的鲜活与灵动是由老师的创造性和创新性来实现的。创造性地设计教学方案，创造性地呈现知识，让学生体味到一种发现的快乐；创新性地规划课堂，时时给学生带来耳目一新的惊喜。陶行知说：“我们发现了儿童有创造力，认识了儿童有创造力，就须进一步把儿童的创造力解放出来。”而这就取决于老师的课堂，或者说老师的魅力——在创造，在创新。

课堂应该是教师成长和成熟的体现。教师

的成长是在潜移默化中推进的，教师成熟的高度是由他努力的程度和他期许的层次来决定的。一名教师初登讲台更多的是模仿，模仿师傅，模仿大家，课堂上局限于教材和课标，放不开，也不敢放开。有时候，想要寻求突破，突破束缚，突破眼界，但又会好高骛远，失于飘逸，走得太远，脱离实际。几番折腾、打磨，然后才懂得读透文本，用活教材，细细研读教材和课标之后，才发现里面别有洞天，给了你足够发挥的空间，你就会佩服编写者的慧眼和匠心，你就会有一种“众里寻他千百度，蓦然回首，那人却在灯火阑珊处”的惊喜。伴随着这样的发现，一名教师会进步会长进，最终会迈向成熟。

课堂应该是教师研究精神与行动的外化。不具有研究精神的教师是无法长久立足于课堂的，不能彰显研究精神的课堂也必然是一潭死水，“清风吹不起半点漪沦”。既然我们选定了教师这条人生之路，就必然要埋下头来，潜心研究我们的专业，在这个领域里植下一棵树，它是自己自信和快乐的源泉，它能告诉我们，没有把自己的志趣和追求淹没于生活的琐碎，自己没有流于平庸，人生永远不会干涸乏味。研究教育教学理论，研究教改动态，研究学生心理，慢慢地，你会发现自己的课堂有了根基，有了纲领，有了展翅的动力，有了自如的调遣，你可以厚，可以薄，可以简，可以约，可以左右逢源，可以举一反三，可以融会贯通，你的课堂不光有温度，有张力，更有感召力。

最后，课堂应该是教师价值的印证。美国天文学家柯蒂斯在《温代尔·菲利普》一书中有这样一句话：拥护一项非凡的事业并为之奋斗终生——这就是我对那些追求不朽之名的年轻人的忠告。其实，我们的课堂抛开钞票这一衡量的维度，真的可以说是一项能为之奋斗终生的非凡的事业。课堂是授课者各方面素质的体现，他的品德，他的修为，他的学识，他的品位，他的目光，他对世界的判断，他对社会的解读，他对未来的畅想，他的言谈，他的能力……无一不袒露出来，老师的价值决定课堂的价值，而课堂的价值也印证着老师的价值。

生活在喧嚣的尘世中，我们能有课堂这一方桃源，是无比幸福的。在追求社会认可与个人价值的道路上，老师要让自己处于不断增值的状态中。打造高价值的课堂，从打造老师自身开始。老师自身的优秀，一定会使课堂增值。当我们的课堂优质增值，我们自身的社会价值就会不断提升。

一名好老师，就应该把自己打造成稀缺的资源，在芸芸众生中熠熠生辉，在庞大的教师群体中，他应该是创造者，而不仅仅是一个传播者，他是能产生价值的人，他能为他人所需要，他能为社会所需要。当一名老师的生命不湮于琐碎，不困于日常，不被迫于驱遣，离开平庸，执着于自己的目标、方向，并找到了船和桥，就会成为一名好老师。

永葆内心的高贵

近几年，国内发生了多起严重的“辱师”事件，不管事件本身的真相如何，也不管学生当时的错误行为有多过分多恶劣，社会舆论往往是一边倒地抨击老师，指责老师。好事不出门，坏事传千里。这种舆论氛围，让人感觉师道尊严被忽视轻视，师生关系被歪曲扭曲。这种不良现象，让不少老师寒心害怕，在批评学生时变得瞻前顾后、缩手缩脚。一些少不更事的学生犯错后不知悔过，甚至摆出理直气壮的样子。面对这种不正常的尴尬处境，许多老师感觉窝囊、自卑并自贱。

身处逆境而不垂头丧气、怨天尤人、自暴自弃，这就需要老师保持内心的高贵，坚守做人的骨气。教书育人，立德树人，老师是为成就学生和家长的梦想而奋斗的人。老师的职业虽然清贫，但使命崇高；工作虽然平凡，但意义重大。学高为师，德高为范。精进做学问，看淡名与利，是为师从教的根本。只有树立终身从教之志，看淡名利，一个老师才能屏蔽外界的纷扰，才能坚守平凡的岗位，才能甘之如饴地潜心工作。这种面对世俗生活的淡泊，对教育工作的痴迷、执着和专注，就是好老师的本色。学生是活生生的人，成长中的人，他是有尊严、有个性、有灵气的，更是有感情的。老师应当呵护、尊重、热爱、引领学生——这是一个教育工作者最起码的品质。

好老师要有文化人的风骨和气节。骨气不是天然形成，更不是别人赐予，骨气是需要不断地锤炼，自我养成的。骨气离不开自尊和自信。巴尔扎克曾说过:“谁自重，谁就会得到尊重。”可见，教师只有自尊自重，方可在学生、家长面前维护自身的尊严。教师并非要摆出一副师道尊严的样子，让学生畏惧，一时的虚荣，换来的可能就是对学生的伤害。尊重的前提是信任，而学生的信任离不开教师的自信。而教师的自信从何而来？唯有埋头苦干，方能夯实基础；也唯有上下求索，才能以不变应万变。

骨气的养成也离不开包容，心存一份热爱，便会无私也无畏。不可否认，当今时代社会上弥漫着一种浮躁的、急功近利的氛围。但我们身为教师，一定要有一种不庸俗、不低俗、不媚俗的高贵气质，要有一种超越功利的宁静心境。“海纳百川，有容乃大；壁立千仞，无欲则刚。”当学生犯错误时，教师给予适当的批评教育，也许会招致学生的不满甚至是顶撞。对此，我们只要坚信自己的教育是正确的、恰当的，是不违背教育原则的，那么学生的任何态度都不会影响自己的心情和准则。学生有时可能是无知的，但老师是有智慧的。用自己的涵养和人格精神去包容学生的无知和无礼，何尝不是一种智慧呢？温暖的阳光唤醒冰封的土地，纷飞的瑞雪滋润越冬的禾苗，辛勤的劳者期盼丰收的硕果……好老师对学生尽心尽力，对工作问心无愧，把教书育人当成一份事业，不断厚积学识，不断改革创新。打开心灵的枷锁，感受工作中的快乐和幸福，陶醉于稚嫩纯真的笑脸，喜欢倾听花开的声音，希望每一个孩子都健康快乐地成长。

骨气的养成更离不开能力的提升。“水之积也不厚，则其负大舟也无力。”拥有扎实的知识功底、过硬的教学能力、勤勉的教学态度、科学的教学方法，一名老师才能傲然挺立在学生面前。我国古代教育家都是学者，孔子、孟子、朱子，他们潜心治学，自成一家；当代许多教育家同样也是学者，例如魏书生、李希贵、张思明，他们著书立说，启迪世人。启功先生对“学为人师”有着独到的阐释：“学，是指每位老师应具有的学问、知识及技能。仅仅具有还不够，要能够成为后学的师表。”教师只有对所教学科有着系统、深刻、准确的理解，才能给学生正确的引领，让学生心生敬畏。当然，教师不仅仅要拥有广博精深的专业知识，更要拥有"四两拨千斤"的教育智慧，才能有效地、创造性地解决各种教学问题。俗话说，能医治疑难杂症的医生才是好医生，那么能管理问题学生的老师才是好老师。保持内心的高贵，底气来自老师的品德、学识和能力。

骨气的养成需要老师有独立的精神和自由的思想。只有思想自由了，老师才能去怀疑，去判断，去立论，去创新。老师不能仅仅是识文解字的教书匠，更应该是所教学科的学者、专家，有自己的教学主张和相应的学术成果。好老师不能依赖教参，人云亦云，迷信权威，疲于应试迎检，今天重复着昨天，明天重复着今天。好老师要想让自己的课堂充满灵气与活力，就要破除迷信，让自己成为教学的主人，不做拜倒在名家脚下的奴仆，不做演绎教材教参的道具，不盲从于那些僵化教学模式。做学问，老师要有质疑问难的精神。质疑问难方能培养自由思想，而自由思想才能滋养丰富的心灵和厚重的人格。中国历来不缺诺诺连声的犬儒，数千年的封建专制培养了太多的奴才。司马迁曾说"千人之诺诺，不如一士之谔谔"，站着教书，那就要坚持思想自由，不做精神的囚徒，敢于向各种歪理邪说亮剑！

好老师要敢于坚持做人的原则。尽管，“闻道有先后，术业有专攻”，但在学生面前，老师很难做到无所不能，尤其在这样人手一部手机，“百度”如影随形的年代，“老师是知识的代言人”的观念早已受到冲击，但我们无须恐慌，因为教师不只是“授之书而习其句读”，更是“传道受业解惑”。老师的价值更在于引领价值，启迪人生。虽然世俗功利的思想已经渗透到学校这块净土，但是，作为老师不能混沌，不能随波逐流，不能被小小的诱惑冲昏头脑。要守住内心的价值底线，不与邪恶与无聊为伍，守住为师者的人格尊严，不为一己之私所动。老师自信自尊，学生就可挺拔傲气，国家就会精神强大。

好老师要勤于学习。利用一切可以利用的时间和资源不断学习，使自己思想深刻，追求高远，底蕴深厚，智慧卓然。列宁说：“书籍是巨大的力量。”刘向说：“书犹药也，善读之，可以医愚。”诸葛亮说：“非学无以广才。”老师阅读经典，阅读报刊，阅读网络，保持对世界的新鲜感，保持对未知的好奇心，可以拉近与学生的距离，避免被时代淘汰。学习提升老师的品位，强化老师的魅力。

鲁迅先生诗云：“扫除腻粉呈风骨，褪却红

衣学淡妆。”老师褪去红衣，回归传道受业解惑的本色，就能呈现风骨。保持内心的高贵，老师把“立德树人”写在教育的旗帜上。在孩子睁开眼看世界的时候，老师有责任首先让孩子看到内心的充实、美丽和高贵。

不做苦行僧

当老师是辛苦的，但要避免做苦行僧。好老师要不断创新工作方法，谋定后动、统筹兼顾，努力增强应对复杂问题的能力，提高破解各类教育难题的本领。有很多优秀老师在做师德报告时，常常讲得自己眼泪汪汪，讲得台下听者神色凝重，甚至跟着流泪。很多老师都有过这样的经历：为了工作，为了班级的成绩，忘了家中的孩子，忘了照料双亲，很多时候老师甚至是带病坚持上课的。

红烛精神照耀了一代又一代老师，无私奉献一生，无怨无悔一世。老师拼搏奉献的故事我听了，心中不仅有感动敬佩，有时也有悲壮凄惨之感。难道做老师必须要有抛头颅洒热血的赴死精神才行吗？还有一些老师经常苦口婆心地对学生说："我为你们花费了这么多心血，你们一定不要辜负我！"学生听后，能真正体会老师的用心良苦吗？能为了老师付出的心血而奋发学习吗？这样牺牲一个人的健康和幸福的教育，是否太沉重？看到老师为了自己的学业有病不医，忍受病痛折磨，学生的内心能承受得起吗？其实，这样的付出可以减少一些，老师不必时时有“蜡炬成灰泪始干”的悲切，老师可以不做苦行僧，完全可以清闲一些。即使在课堂上，老师也要注意惜时惜力有所克制，以教育者的理性思维和理智行动，言传身教带领学生，与学生共成长，相映生辉，在工作中收获职业的快乐与幸福！

老师不做苦行僧，不做流泪的蜡烛。如何高效地处理好各种工作上的事务，实现工作高效与生活幸福的平衡，成为每一个老师都必须认真研究的重要课题。蜡烛的生命是短暂而悲切的，烛泪相伴一生。如果老师始终有一种牺牲的感觉，对教育和学生来说都不是一件好事。没有快乐和幸福感的老师，很难教出对生活充满乐趣的学生，因为学生在教师的脸上看不到生活带来的幸福。

不做苦行僧，老师要学会给自己减负，做高效能的老师。老师要努力避免将自己置于终日忙忙碌碌、疲惫不堪、叫苦连天的状态之中。现在，随着学校课程的不断拓展和各类活动的持续增加，以及来自各方面名目繁多的检查评比，老师真是疲于应付，陷于奔波忙碌之中，工作上的事务越来越严重地挤占个人休闲娱乐的时间，可谓苦不堪言。为此，老师必须高效率工作，高品质工作，必须研究如何才能更有效地工作，更智慧地工作，以赢得个人和家庭享受生活的时间与空间。

高效能的老师，要适当规划职场生活，预先制定工作计划。突出重点、突破难点，或抓大放小、以大兼小，或以小带大、小中见大，“十个指头弹钢琴”，奏出美妙的乐章。在实践教学中，许多老师的工作是被学生的问题牵着鼻子走的。老师要尽量避免以完全被动的方式来开启一周、一月、一学期、一学年的工作。在开学之始，老师不妨给学生上一堂学期计划课或学年规划课，将未来的一学期、一学年要上的课，将要开展的活动，需要准备的工作，以及如何评价，等等，宣讲清楚到位，让学生对未来的教学做到心中有数，方便学生与老师步调一致。“良好的开端是成功的一半。”这种预告教学内容、预定行为规矩的方式，有利于老师和学生在教学中实现一致性和连贯性，避免师生互动的盲目和无序。上好每一学期的规划课，让每个学生树立成长目标。有了目标规划，孩子们心中有数，自觉自律，坚持下去，教师自然不用疲于奔命。

说起来容易，做起来难。现实中，很多老师在把握大局上规划不足，却在具体操作上有繁琐主义倾向，拘泥于细节，爱较真！凡事总爱分个高低上下、优良中差。对学生盯得特别紧，发现学生或家长与自己的计划要求不一致时，就会揪着学生不放，直到他跟上，否则，师生之间、家校之间的争议争斗就会无休无止。还有的老师竭力维持班级秩序，力求课堂的安静。这样的工作方式，自然让很多老师完全感受不到教学的美妙，更谈不上职业的幸福感。

高效能的老师，要对学生的成长抱有积极的期待。成长比成功更重要。孩子之间是存在差异的，老师要尊重差异，努力找到每个学生的生长点，为每个学生提供合适的平台和机会，慢慢看着学生成长，静待花开。对学生实施赏识教育，要求老师以积极的期待激发孩子们的信心。通过一次次锻炼，一次次激励，让孩子们从内心感受到自己被关注，被关爱。作为老师，你不必告诉学生你有多爱他，从你的眼神、动作、话语、活动的设计等细节中，孩子们都能读到、读懂。老师的积极情感会引发学生的积极行为。一旦学生自我成长的愿望被唤醒，老师就不用再事必躬亲了。班级可以交由学生自主管理，培养学生自我教育的意识和能力，努力营造人人担当责任，人人会做管理，人人敢于负责，人人乐于负责的局面。我的班级我在、我爱、我负责，学生就是班级的主人。学生有了自主管理的积极性，老师的精力就会得到解放，轻松快乐也就不再稀罕了。

高效能的老师，要高效管理课堂。课堂管理包括课堂人际关系管理、课堂环境管理、课堂纪律管理等方面。一个高效能的教师会让所有的学生在各种活动中都有出力和出彩的机会。大家的积极参与和默契配合不是靠奖罚来完成的，而是靠制定一些大家能遵守的纪律方案。纪律方案首先要在全班讨论，划清违规的界限，违规造成的后果要让学生知道。这些规则要在学生活动前期讲明，明确有效、不随时更改的规则能让课堂井然有序。就像我们在各种比赛场合中看到的一样，无论比赛有多激烈，大家都能看到赛场上每个人都在遵守规则。

高效能的老师，要建立家校合作平台，做到家校有效协作。学校教育承包不了孩子的全面发展。老师应通过家校携手，共同引导孩子的成长。比如，微信群就是老师和家长沟通的一个便利渠道。学生的作业情况、课堂表现、活动安排等都可以在群里沟通，方便家长知情。家长可以把亲子沟通的困惑、教育孩子的问题在群里平等交流，各抒己见，也可以把各自认为比较成功的家庭教育经验上传到群里共享，让更多的家长学会民主科学地教育孩子。以家长影响家长，用孩子带动家长，让家长引领孩子。老师在每天工作之余，可以到微信平台上浏览一遍，看看有什么需要安排的，需要提醒的，家长的回复是否淹没了群里的重要信息。对于微信群，老师需要做好必要的分类管理，制定群规则，以避免不必要的麻烦，防止牵扯老师过多的精力。为避免管理微信群过多消耗老师的休息休闲时间，老师可以建立几个不同的群，譬如作业群、班级活动群、家长互动群等。各个群都可以委派多个负责的家长重点关注，参与管理维护，并及时反馈消息给老师。必要时，老师可以委托负责的家长来做微信群的管理员。老师也可以在班里组建家长委员会，将班里的大小事宜和校外特色活动交由家长们共同商议，大家一起群策群力，共建共享共治。

永远的学生

时光飞逝，人生苦短。即将年届不惑，回顾一下做教师的昔年往事，我心里涌现出很多的感慨。迄今，我做教师已逾十六载，做培训教师也有十年了，这期间先后在北京市的两所中学、石景山和海淀两个区的教师进修学校工作过。人的一生中，能够有几个十年，更何况是二三十岁这段青春阳光的日子。反思是真正的眺望，可以让人找到生命的归属感和心灵的温暖，摆脱心底的寂寞、孤独和迷茫。适时反思，是对心灵的滋养。

感恩，是我最深的体会。感恩我遇到的领导、老师、学生和朋友，是他们给我理解、教诲、信任和鼓励，让我不断认识到自己的不足，在探索中成长，在探索中觉悟，欣赏到越来越精彩的人生风景。更要感恩我的家人，是他们给我生命，给我爱，给我亲情、勇气、责任和力量，让我在喧嚣的世间，在挫折与艰辛中，总有确定无疑的安慰和乐观。还要感恩我的工作，是教师岗位，给了我一个服务社会与民生的位置，一个自我突破的机会，一个被肯定被接纳的途径。教师岗位让我不断向自己挑战，向未知的领域进军，发现生活的情趣，发展我的才能，发挥我的作用，实现生命的价值。因为有教师岗位，才有我人生的日益丰满和美好。

每次登上讲台，与学生们眼神交汇，我的心里都会生发出一种庄重，一种激情，一种敬畏，一种使命，一种力量。常自问：我拿什么奉献给你？我的学生！讲台很神圣，讲台上的人不可以随便。走上讲台，我就成了一个示范者，一个学生参照的范本，而讲课已不再只是我一个人的事。对教师而言，为生民立命，为万世开太平，皆始于讲课。

教师是个让人终身谦虚的职业，当教师意味着一辈子做学生。只要和孩子在一起，我们就很容易产生自己无知无力的感觉。知不足，才能让我们重思考，爱学习，老老实实做学生。只有读好书，才可能教好书。

做学生是一种幸福。把学生当老师，向学生学习；与学生做同学，和学生一起学习；与家长做朋友，同心协力育新人。这应是教师工作的要义。

在讲学的过程中，我时时能够感受到学校领导和教师们对我的期望很高，我也希望自己能够不辜负这样的期望。讲好课是讲课人对听课人的最大尊重。我经常以做学生的心态，满怀深情而又谦卑平和地做报告，不愿、不会、也不敢把自己看得太高太重。我清醒地认识到：我只是个有所专攻的普通教师，我的成长主要来自于向学校领导和教师们学习。近年来，中小学的校本培训工作日益精细，不只是现场有老师向我反馈培训的感受，事后还会开展教师论坛等培训后的培训。还有学校发给我老师们听课体会的文稿。对这些文稿，我十分爱惜，视如珍宝，奉若明镜。读老师们的感悟，是我再学习、再思考、再进步的新起点。

我是一个学生，农村出来的学生，大家的学生，讲台上的学生，老师们的学生，永远的学生。

做一个有梦的老师

近日，走过一些地方，听闻了一些中小学教师朋友工作与生活的坎坷、风雨、忧愁的故事，感受到的多是彷徨、烦扰和痛苦。那犹如春天春风春花春雨般温润明丽的教师，比较少见到。这让原本痴贪于生命里喜乐相逢的我沉静，深思。

以前每经历一件事，长一点儿见识，我就容易以为自己的心亮了。能够面对现实，认清现实，那是一种长进，一种快乐。现在看来，其实看清世事的艰辛和人心的善恶，也未必快乐，也有可能让人更加迷惘，不知所措。现实总是很残酷，认清了又如何。人生在世不是每个人都可以一路坦途的，际遇也不是个人可以左右和把握。人生的局限和有趣，就在于无法随心所欲。清醒的结果也许只会让人选择逃避与落寞。

人不能只有现实里的世俗生活，更要有精神上的梦想生活。活在梦里，可能活得更好、更美。梦是心灵的营养。不禁想起陶渊明的《桃花源记》:“忽逢桃花林，夹岸数百步，中无杂树，芳草鲜美，落英缤纷……”这份美好的意境曾经让中学时代的我感动、神往，真想长大以后能够去到桃花源里度一生。如今思量，陶渊明的境界实在是有些高远，称之为梦想，可能更准确。这个梦想其实是一种觉悟——出离了功利喧闹的世事，洞悉了情缘纷扰的“围城”。须是曾经沧海而又淡泊明志的人士，才会明了。

那桃花源本是虚设的良辰美景。去不了桃花源，倒也谈不上有什么难过的。只是平凡普通而为人老师的你和我，可以做不了陶渊明，但不能不做一个心怀美景、心中有梦的人。因为教师是成就孩子现在和未来的人。教师的志趣，影响着教育的方向与品位。梦是心灵的力量，带给我们精神的慰藉。成功人士大多生活在美好的愿景里。

梦想给人快乐，也给人忧愁。其实每个人的心里，都有自己的桃花源。因为有梦，生命才变得完整。我们才能体会什么是痛苦，什么是欢乐；什么是珍惜，什么是放手。有梦想才有未来。

行文到此，我又想起了林黛玉的《葬花吟》:“花谢花飞花满天，红消香断有谁怜？……一朝春尽红颜老，花落人亡两不知”。似这般无望无梦的生活，何其伤痛，何其悲哀。黛玉的香消玉殒，让多少世人感动流泪。

生命如火，岁月如歌，我们不应如黛玉般生活，哪怕戴着镣铐也要舞蹈。美好的人生就要敢想、善梦、厉行，感性、务实而又超脱。美国小说家弗兰克·诺里斯指出:“戴着镣铐跳舞，尽管不如轻歌曼舞那么轻灵、舒展，但是追求美好自由人性的过程原本就是一个崇高而悲壮的过程。”

梦想，古人谓之曰“桃花源”，今人有叫作“火焰”，时下的流行语则是“隐形的翅膀”。人生不能没有梦，让我们做一个有梦的老师，在精神世界里健康知足、富有快乐地生活！

管理好心情

唐代有一位禅师说，人生之妙在于：“任性逍遥，随缘放旷，但尽凡心，无别胜解”。

近观韩国前总统卢武铉跳崖自杀事件，不胜感慨。我的感悟是，人生短暂，浮生如梦。相逢随缘，际遇自在。幸福不在名利与富贵，而在于随性的生活，在于体验现实的生命感，在于新发现、新感悟带来的惊喜，还有那些触动心灵的细微感动。

我们做教师的人，是给孩子幸福人生的人，是经常把希望和美好种在心田的人。无论我们处在何等社会阶层，收入几何，我们都应增加对生活的情感投入与智慧付出，用热情和智慧去提升生活的品质，尤其要保有一颗青春的心。用积极的心去克服人生的惰性。即便在人生的泥泞中，我们也要抽空去欣赏天边的彩虹，也要创造困境中的美。用善解本我的真心去抵御时间的侵蚀，欣赏每一处人生的美景，结识那些能够让我们舒心愉快的朋友。

闹市里有静地，春天长在我心里。怀着对

人生的无尽渴望，迎接生活的一切赠予。开阔胸怀，接受那无法改变的一切，在静默里倾听自己的呼吸，让温暖的和风与萌动的绿意永驻心底。

人最大的潜力在于学习

“吾尝终日而思，不如须臾之所学。”这句话曾经让我惶恐，而今又让我在喜悦中感悟。

寒假里，我曾经听常校长讲过这句话，那是在我应邀给东升学区的干部做培训讲座之后，常校长总结时提到的。这句话让我不安，感觉受之有愧。我谨视之为常校长的谦逊和对我的激励。

最近，我和同事正在调研海淀区中学副校长的培训需求，先后走进了几所学校。我们接触了几位副校长都有着明亮而又深沉的魅力，却又风采相异。每一次和校长们交谈后，我都有所收获，有所发现，常常生发出“与君一席话，胜读十年书”的内心感叹。调研已成为一次快乐的精神文化探索之旅。

今天，我们走进了一零一中学，和陆副校长进行了预定的访谈。他的睿智与思绪如行云流水，高远而又亲近。坦率而深刻的交流，让时间变得短暂而珍贵。行将告别时，我不禁又想起了“吾尝终日而思，不如须臾之所学”这句话，它妥帖地表白了我满载而归时的心情！

人最大的潜力在于学习，学习的最佳对象也许就是人——他人和自身。

作为干训教师，我首先要更多地向校长们学习，才能服务好校长们的培训工作，逐步走向引领校长们的学习之路，努力把培训过程演绎成有生命活力、思想激荡的过程，加速彼此对知识的消化、能力的磨砺和思想的咀嚼。也许这样，我们才能够更好地实现培训的初衷，品味工作的快乐。

第二辑

道德情操

好老师的道德情操最终要体现到对所从事职业的忠诚和热爱上来。好老师应该执着于教书育人。

——2014年9月9日，习近平在同北京师范大学师生代表座谈时的讲话

道德至上

“教，上所施下所效也；育，养子使作善也”。教育首先是德育，育人归根到底是道德至上。德行和才学是人生开拓、事业腾飞的双翼。古往今来，品德教育始终位居教育的首位，所谓先成人后成才，成人第一，成才第二。陶行知说“千教万教教人求真，千学万学学做真人”。康德说：“世上最奇妙的是我头上灿烂星空和内心的道德准则。”老师是缔造人类灵魂的神圣职业，肩负着“传道、受业、解惑”的重任，肩负着教书育人，培养社会主义事业建设者和接班人，提高民族素质的使命。教师岗位的特殊性和重要性，使我们无论何时何地都只能以奉献而不是索取去面对人生，赢得尊重。

老师承担着立德树人的神圣使命，是学生道德修养的镜子，也是全社会的垂范。一支学高身正的教师队伍，不仅是立德树人的关键，也是净化社会风气，提高社会文明程度的关键。

好老师首先是以德施教的楷模。做好老师，要有道德情操；道德情操，是做好老师的先决条件。“师垂典则，范示群伦。”苏联政治家捷尔任斯基说：“为别人照亮道路，自己必须先放出光芒。”一个教师如果在是非、美丑、善恶、义利等方面有问题，怎么能担当起立德树人的责任？在学生眼中，教师是为人的模范，学生不仅听其言，更观其行，教师只有以德立身，以身作则，有高尚的道德情操，学生才能以师为镜，诚信善良，自觉践行社会主义核心价值观。

一个有道德情操的好老师，会把敬业爱生作为教育工作的根本准则。朱子曰：“主一无适便是敬。”敬业者，专心致志，心无旁骛。敬业的老师把教书育人当成自己的使命，热爱本职工作，严谨治学，诲人不倦，终身学习，追求进步。一个有道德情操的好老师往往爱生如子，把每个学生当作鲜活的生命，平等看待，悉心爱护，精心栽培，静待花开。好老师为了满足学生的需要，为了适应时代的要求，会不断学习，不断完善自己的知识结构，不断提高自己的教育教学水平。一个有道德情操的好老师，会安于清苦而不失理想，有教育情怀，有教育梦想；一个有道德情操的好老师，会远离功利之风，执着于教书育人，心系莘莘学子。

老师的道德情操，可以通过教育培养而习得，也可以在学校管理中养成，但最主要的还是靠教师的自我提升和自觉践行。一个好老师，一定是一个不断进取、不断提升自我修养的人，逐渐成为“一个高尚的人，一个纯粹的人，一个有道德的人，一个脱离了低级趣味的人，一个有益于人民的人”。

好老师爱读书。“读书对于智慧，就像体操对于身体。”毛主席曾说：“饭可以一日不吃，觉可以一日不睡，书不可一日不读。”读书不仅可以增长学识，丰厚学养，更可以滋养心灵，润泽灵魂。教师只有常读书，读好书，与书为友，以书“养吾浩然之气”，获得精神力量，才能淡然面对人生的起起落落，做人生的智者；廓然看待生活的磕磕绊绊，做生活的强者。

好老师要有无私奉献的精神。陶行知先生说：“捧着一颗心来，不带半根草去。”爱岗敬业、乐于奉献是教师最基本的职业道德要求，是从事教师职业、做好教师工作的前提与基础。爱因斯坦说过：“人只有献身于社会，才能找到那实际短暂又有风险的生命的意义。”教师的奉献贵在“位卑未敢忘忧国”。古今中外，上下数千年，绝大多数教师虽然生活拮据，却不计较个人得失，像春蚕吐丝，像蜡烛燃烧，在讲台上送别了青春，熬白了双鬓，坚忍不拔。他们爱生如子，把学生的成人、成才、成功当作自己人生最大的幸福。栽培一个学生，成就一个家庭；教育一批学生，造福一方百姓。

师爱的最高标准是公平和尊重。公正就像一面镜子，能反映出教师的心灵，它又像一把标尺，衡量着教师道德行为。“罗森塔尔效应”说明，教师对学生的态度是一种巨大的教育力量。教师对待学生要一视同仁，尊重学生的差异，发展学生的个性，要相信每一个学生都能成功。老师不能轻视甚至歧视学生。陶行知说，当心“你的教鞭下有瓦特，你的冷眼里有牛顿，你的讥笑里有爱迪生。你别忙着把他们赶跑，难道你要等到坐火轮，点点灯，学微积分，才认出他们是你当年的小学生”？教师的公正能调动学生的学习积极性，使学生认识到自己的潜力，努力向上，争取好成绩。教师的尊重能给学生心灵有益的影响，使他们感受到公平与正义，能激励他们积极向上，追求真善美。教师的爱能打动人心，从一人心里流出的泉水就能流进另一人的心里，唤醒、激励和鼓舞学生。

万学千教，道德至上。不管什么时候，人的德行永远大于才学。老师的德、才、学、识是任何东西都不能替代的有益于学生发展的阳光。好老师要以高尚的道德情操、大方得体的仪表、稳重端庄的举止、亲切和蔼的态度、文明礼貌的语言和严谨持重的行为，形成一种无声无形的教育力量，去感召学生，启迪学生，最终达到教书育人的目的。

有效的学习离不开情感融入

人们常说，鱼儿离不开水，花儿离不开阳光。同样，学习也是要讲条件的。有效的学习往往离不开情感融入。列宁说过：没有人的情感，就从来没有也不可能有人们对真理的追求。

许多大人眼里的聪明孩子，学习低效，课业成绩并不好。一个相当重要的原因是这些孩子不爱学习，有厌学情绪。

热爱是最好的老师，但世界上没有无缘无故的爱。如何让孩子对学习有感情，使其自觉主动地参与到学习中呢？

要引导孩子，得先了解孩子，尊重孩子。小孩子不简单，其实，小孩子的心里也有许多困惑，也有对娱乐、交友、学业乃至人生等诸多方面的迷茫。很多家长、老师对教育的理解是片面狭隘的，误以为教育就是学习知识。他们把关心孩子的教育，变成了只关心其学习；把关心学习，局限在只看学习成绩。至于孩子的心理需要，孩子的心情心态，常常视而不见。甚至，在孩子诉学习之苦时，大人还要以“不吃苦中苦，难为人上人”这样的大道理告诫孩子，让孩子失望，感觉到无助和冷漠。其实，正是那些“只关心成绩不关心心情”的大人，造就了对学习感到无趣、苦恼、郁闷的孩子。学习的低效不是孩子成绩不佳的根本原因。

让孩子对学习有感情，家长、老师要善于以情导情。大人要带着感情教育孩子。大人要民主平等地对待孩子，尊重孩子的人格，要把握孩子思想的脉搏，设身处地地为孩子着想，为他们解答种种困惑，做他们的良师益友，帮助他们克服实际困难，用心灵去感召、呼唤孩子，让孩子感受到亲子情、师生情的温暖。教育是要带着深厚的感情去做的！大人要注重通过增进亲子之间、师生之间的感情，促进孩子自觉学习意识的形成。亲子关系、师生关系的和谐不仅有利于孩子心理和情感的健康发展，有利于学生的健康成长，而且有利于提高教学的效果。

让孩子对学习有感情，教师要认真钻研教学业务，给孩子提供优质的教学。教师要不断“充电”学习，重视教学方法的创新，在提高教学水平上下大力气，练好“内功”，以满足学生的求知欲望。优质的教学，能够让学生体会探究与思索带来的快乐，向往成为像老师一样有知识、有文化、有智慧的人。“亲其师”“信其道。”孩子通常是由尊敬老师发展到热爱老师所教授的这门课程。

在人类追求真理、获得知识的道路上，情感从来都是潜在的巨大动力。除了亲子情、师生情，还有爱国情、爱乡情、友谊情、人道情、利他情等基础情感，这些都可以成为孩子求学上进的助推剂和加速器。我们应该重视调动孩子的情感融入、情感体验，使孩子学得有效、学得有劲。

今天做怎样的教育

教育关系人生的福祉、学术的存废、社会的和谐、天下的兴亡。今天，对全社会而言，教育的重要性几乎没有争议。然而，并非人人都懂得教育事业的复杂与艰巨。有许多人在重视教育的同时，却把教育当成简单易行的事，以为多投入一些钱财或者多花些时间，就能够做好。殊不知，做教育需要钱财和时间，更需要情感和智慧。

今天做怎样的教育才是好的教育，才能赢得学生，取得教育的成功？这越来越成为需要我们教育者深思并明确回答的问题。

现在教育低效的一个重要原因，就在于我们的教育太多说教，却太少感动！我们的教育技术日益更新，感召学生心灵的教学却越来越稀缺。缺乏感动的教育，知识只会变得无趣、乏味、冰冷而苍白。教育是对心灵的唤醒和激励。缺乏真诚关爱的教育，如何能够激起学生内在的进取心？

一次感动胜过一百次说服。读书时，我不

止一次发现，有许多志士仁人之所以杰出成功，与其在青春年少求学阶段所受到的感动分不开！他们都曾经被某个人、某件事、某种情景所感动！这种心灵的震撼，带给他们的是心明眼亮的觉悟、无限潜能的唤醒、坚定顽强的信念、源源不绝的勇气和可持续发展的动力。

感动会让学生敞开心扉，富有激情，自愿接受老师的教育乃至严格的约束。感动会让学生产生自我成就的冲动，会让学生自觉改变，自我完善，升华责任、感恩、理想、友爱、勇敢等美好的情感，焕发人性的尊严与光辉。

不能感动学生的教育是低效与失败的教育，不能感动学生的老师是平庸、失职的老师。好的教育应是感动学生的教育，让学生在感动之中充满进取的激情和动力！

给学生一生的感动，创造让学生一生难忘的教育经历，应是学校和老师明确的追求。

作为教育人，我们应该经常反思：我有没有感动过我的学生？我有能力感动我的学生吗？什么可以感动我的学生？如何能够带给学生一生的感动？

上课是老师的“圣事”

好老师要敬畏课堂。课堂是老师教书育人的舞台，是老师锤炼自己的战场。上课是老师教学生活的主要内容；上课是老师专业成长的主渠道；上课是师与生、生与生、师生与教材间的交流对话；上课是老师的“圣事”。老师应怀着崇敬的心情、带着敬畏的感情来上课。敬畏体现在老师对教学的专注和研究。敬畏体现在老师对自我反思、自我完善的执着。课堂是思想碰撞的“圣坛”。课堂之上，没有随便。

首先，说话不能随便。课堂之上，老师要组织教学，传授知识，语言要亲切自然，问题要启发引导，讲解要科学严谨，陈述要清楚明白。在课堂之上谩骂学生，或者语言拖沓啰唆，表述不清，这些都是不恰当的。言语精准、简洁、流畅、生动、清亮，是好老师必备的品质。

其次，穿着不能随便。有的老师穿着拖鞋，夏天穿着短裤，甚至还有的老师赤膊上阵。这些穿着打扮都有损教师的形象。当然奇装异服、涂脂抹粉、华丽夸张也不足取，因为太过引人注目的穿着打扮，会吸引学生的眼球，分散学生上课的注意力，所以教师的穿着只需要端庄、大方、得体即可。

第三，时间不能随便。我们常常说“向45分钟要质量”，是因为课堂是育人的主阵地。一节课45分钟，每一分钟都是宝贵的。老师要教书育人，传道受业解惑，就必须抓住、用好这45分钟；学生要听讲、练习、自习，要掌握知识和技能，提高学业成绩，也需要充分利用这45分钟。所以一名老师若是迟到早退，或者教学过程拖拉，讲解繁琐费解，甚至讲授无效，就是对学生的不尊重，对工作的不负责。

第四，举止不能随便。为人师表，不仅在言传，更在身教。课堂之上教师的举手投足，都在学生的注目之下，教师就是学生时常关注模仿的对象。所以一个老师在课上行为不当，例如抠鼻、摸头、翻白眼、提裤子，呆看天花板，或是漫不经心、眼神迷离、哈欠连天等等，都是要不得的。课堂是师生交流的场域，眼神交流、语言交流、肢体交流，老师的每一个举止都在与学生进行交流，都会或多或少影响学生。因此，老师要修身律己，以各种方式积极平等地亲切地与学生交流，这样的课堂才是学生向往的课堂，才是学有所得的课堂。

那么如何做到敬畏课堂，如何拥有和谐高效的课堂呢？

首先，敬畏课堂体现为认真备课，认真上课。上好一节课历来是师生共同的事情。老师备好一节课，是上好一节课的前提。好课是老师用一生的积累来准备的。上好一节课相当于创造一件艺术品。一件艺术品，需要长年累月的精雕细琢，有时甚至需要付出几代人的心血。老师备一节课，也是如此。

人们常说，一篇优美的文章，要有凤头、猪肚、豹尾。一节好课，常常要有一个美丽的开头，能吸引学生的注意，引起学生的兴趣，对这堂课下面要学习的知识充满期待。同时，好课要有丰富的内容，旁征博引，纵横开阖，有宽度，有深度，有启发，有内涵。结尾收束有力，有时留下思考意犹未尽，有时留下问题，让学生课下探讨，有时总结所学，归纳总结，构建知识网络与体系。

冯小刚导演曾经评价一部好电影应具备以下要素：简单的故事情节，精美的细节刻画，真实的感情流露。用这三个标准来衡量一节好课，也很妥帖。一节好课不在于形式的花哨，而在于对重点难点问题的解决方法的巧妙；一节好课不在于气氛的轻松愉快，而在于学生的能力是否得到培养，思维是否得到启迪。

其次，敬畏课堂体现为老师对教学的专注和研究。“干一行爱一行”，各个行业中的优秀分子，通常都是敬业爱岗、忘我工作的人。我尊敬那些在本职工作上兢兢业业的人，敬畏那些热爱本职工作的人，这样的人往往因为热爱而产生极大的创造力、坚强的意志力，因为这样的人在工作中往往是佼佼者，是本专业的行家里手。许多人之所以不够优秀，常常是因为他们对工作不够专注，不够投入。

一名老师想要成为好老师，一定要热爱自己的本职工作，把教学当作一件神圣的事，精益求精，不断进取，全心全意，持久钻研。苏霍姆林斯基一辈子扎根教学，即使他当了校长，也没有脱离课堂。我所了解的每一位名师的成长，都来自于他对教育的热爱，来自于他对教学的专注和钻研。只有热爱才能静得下心，弯得下腰；只有专注和研究，才能不断超越，臻于完美。

一个老师若不研究教学，那他只会停留在原有的水平上，故步自封。只有持续研究教学方式、研究教材、研究学生，老师才能丰厚自身的理论修养，增加自己的教育智慧，永葆蓬勃的教育青春。

敬畏课堂，还体现在老师对自我反思、自我完善的执着。没有完美的课，每一节课都有改进的余地。一节课有残缺、有疏漏、有遗憾，其实是课堂的常态。断臂的维纳斯是艺术的典范。艺术并非完美，遗憾也是艺术的一部分，遗憾本身就是一种艺术的美。正是课堂留有缺漏和遗憾，才促进老师去反思。反思正是一个好老师成长的必需。反思是指教师不断检讨自己的教育理念与行为，不断追问“我的教学有效吗”“我的教学能更有效吗”等，不断总结自己工作的得失，不断深化自己的认识，不断修正自己的策略，从而获得持续的专业成长。

反思就是以一种距离感审视自己，寻找问题以及问题的解决方法，以此来掌握教学规律，探究教学真谛。叶澜教授指出：“一个教师写一辈子教案不一定成为名师，如果一个教师写三年的反思，有可能成为名师。”这句话充分肯定了反思对教师成长的作用。那么反思什么呢？

一要反思课堂成功之处。一堂好课，常常来自以下几个要素：充满吸引力的课堂导入、有趣的对话、典型的案例、巧妙的设问、幽默的讲解、独到而有特色的小实验、有益的启示、精彩的教学设计、恰如其分的多媒体应用等等。课后，老师要将教学过程中自己感受深刻的、达到预期效果和引起学生共鸣的精彩片段记录下来。这样日积月累的教学经验，是老师自己最为宝贵的财富。

二要反思课堂失误之处。老师要对一堂课中自己觉得不尽人意的地方，或者在评课议课中对同行指出的有缺漏的地方，进行反思和改进。反思自己的失误，有助于教师逐步培养和发展自己对教学实践的判断、思考和分析能力，并为以后的教学研究积累资源。

三要反思课堂中的灵感。课堂教学本身就是师生思维对话的过程。教师有时会“温故而知新”，学生更有可能灵光闪现。师生思维碰撞的火花随时都有可能发生。独到的见解或新奇的问题，对教师来说，就是教学相长的机会。教师要对学生进行鼓励与表扬，更要及时地将其记录下来，以充实完善自己的教学经验。老师常常有这样的经历：课前精心设计教学过程，确定教学方法，而在课堂实施教学中，往往会因一些偶发事件而产生瞬间灵感，这些灵感若不及时捕捉，便会因时过境迁而烟消云散。另外，在教学过程中时有突发事件发生，老师机智灵活地应对、恰当地处理，也为今后类似事件的处理提供借鉴。

四要反思运用新理论的得失。老师在运用新的教育理论、教育教学思想、新的教育科研成果而进行各种教学尝试时，要把遇到的困惑或实践过程中得心应手、事半功倍的地方记下来，思考问题之所在，寻找解决办法，这既有助于对新理论、新思想的消化、吸收、应用，又可提高改革的实效性，促进自身专业水平的不断提升。

五要反思同行的意见。做老师要善于借鉴其他老师独到的教学方式，学习其先进的教学理念，及时记下听课评课中同行们提出的值得商榷、批驳或质疑的观点和做法，思考问题产生的原因或改进的办法。如果自己做课，那更是一次提升自己的机会。请听课教师如实指出自己在授课过程中的问题，作为今后发展和改进的依据。只有常听、常思，才能做到博采众长，精益求精。

上课是一门有缺憾的艺术，没有老师上完一节课之后会认为自己做到了完美无缺。天津耀华中学提倡，课后反思百分百。所有的老师、所有的课都需要进行及时的回顾与总结。老师应设想自己如果再上一次这堂课该做哪些改进。长此以往，精益求精，老师的教学水平就会被提高到一个新境界。

美国心理学家波斯纳提出了教师成长的公式：成长=经验+反思。苏联教育家赞可夫指出："没有个人的思考，没有对自己经验寻根究底的精神，提高教学水平是不可思议的。"一堂精彩的好课，对于老师而言，无疑是一种享受和幸福。把上课当成一件“圣事”，怀着虔诚的心去备课，怀着敬畏的心去上课，带着热爱的感情去钻研，带着真诚的态度去反思，你必能成为一名好老师。

一边教书一边美

做老师，滋养自己就是润泽学生，你一旦颓了，学生就废了。再高的书山，再深的卷海，也不要让自己失去光彩。只要老师心中有美，即使乏味的公式也能绽放出朵朵花絮，如流萤飞雨；只要老师心中有美，就算单调的字母也会闪烁出耀眼的光芒，似繁星点点。谁说不能一边教书一边美？蝴蝶结还要七个换着扎，高跟鞋还是蹬大红和翠绿的，白衬衣蓝领带，一丝也不苟。美是一种积极的生活态度，好老师就是这样，懂得在教学之外，聆听花开的声音，感受泥土的芬芳，领略时光深处的美。

曾经一度，在进行类似“你心目中的教师形象应该是什么样”的调查时，很多人把老师的服饰与师德捆绑在一起，引发热议。有人指责，老师在课堂上的着装太时尚，太好看，会分散学生的注意力，甚至对学生的发展产生不良的导向作用，尤其是女老师。然而，这里所说的“时尚”“好看”，并不能简单地理解概括为美。美，不只是一个感官的范畴，而是由感官引起的一种美好的心理体验；美，也不是一种外在的固化形式，而是一个可以传达信息、传递能量的动态过程。

有人曾做过一次关于教师形象的专项调查，得到的结论是“教师的微笑、眼神、声音、服饰等将决定学生40%的学习成绩”。由此可见，所谓教师形象不是简单的着装问题。老师的形象美，是一种由内而外的气质，这种美有着巨大的能量，是一种隐形的教育力量，可以唤醒人的精神，激发人的斗志，熏陶人的灵魂。苏霍姆林斯基说：“没有美育就没有任何教育。”社会在发展，青布蓝衣的时代已经结束，信息化的多元时代，学生的审美标准也在发生着变化。作为老师，要懂得由外到内地调适自己，调适课堂，一边教书一边美。

孟子言：“充实之谓美。”荀子说：“不全不粹不足以谓美。”其实，美就是真，是生命状态的自然流露。老师“美”的过程就是不断充实、丰富自我的过程。爱美的老师，一定会不断学习、创造，去充实心灵，提升形象，增长学识，锤炼言行，浇灌灵魂。美是一种追求、一种朝向、一种愿景，只有学会美，学会欣赏不同姿态的美，才能更好地正视生活，接纳现实中的不完美，从而去挖掘美、创造美。

这个世界总是参差不齐，每种生命都有自

己独特的姿态，独特的美。春花秋月，夏雨冬雪，草长莺飞，花繁木盛。数学有对称美，物理有简约美，语文有思想美，音乐有动态美。梵高用向日葵的光芒诠释生命之美，达芬奇用蒙娜丽莎的微笑诠释艺术之美，世有高山流水，伯牙碎琴之知音美，也有沉鱼落雁、倾国倾城之红颜美。距离产生美，虚空呈现美，残缺本身也是一种美。不全、不粹、不足也能演绎出另一种形式的美。夏花绚烂固然美，而秋叶静谧亦是另一种风景。西施的美固然令人欣赏，东施效颦也有其自身的光彩，追求美的勇气和过程本身就昭示着另一种美。

美的事物大都是经过精心雕琢的，是需要付出时间和精力的，是渗透了心血和汗水的，每一种美好背后都包含着艰辛的劳作。生命中，不应只看到向日葵的灿烂，也应看到梵高的坚持；不应只看到蒙娜丽莎眼中的微笑，也应看到达芬奇的泪水；不应只学会欣赏光鲜亮丽，也要学会欣赏平实无比。创造美的过程本身也是一种美。于教师而言，躬耕于粉笔白和黑板灰之间的历程中蕴含着朴实的耕耘收获之美，教室里的欢声笑语中流淌着明亮的干净温和之美，脚下小小的三尺讲台上浸润着被时光悄然打磨的青春梦想之美。一边教书一边美，在学会美和欣赏美的同时，还要懂得尊重美、呵护美、珍惜美的来之不易和背后的辛苦付出。

美，是真实的，自然的，却常常掩埋在生活的深处。生活中从来不缺乏美，只是缺乏发现美的心灵和眼睛，缺乏创造美的信心和勇气，只要用心挖掘，到处闪烁着美的光芒，只要心中有美，处处皆是风景。

厚厚的课本与试卷里镌刻着成长的希望，繁忙的生活和工作中夹杂着劳动的喜悦，桌椅之间的空白处流淌着岁月的温暖。黑板上的挥洒自如，课堂上的争先恐后，合作中的激烈讨论，交流中的智慧碰撞，考场上的奋笔疾书，失败的泪水，成功的喜悦——在有着温暖灵魂的老师眼中，这些都是生命中最美的画面。粉笔不会漂白青春，岁月无力夺走光彩，只要内心丰盈，生命中处处充溢着美的元素和幸福的光芒。

美，不是目的，让学生在美中得到力量，在感受美、欣赏美的同时，学会传递美、创造美，才是美的真正意义之所在。通过美的熏陶和传递，学生可以从一花一叶中，领悟到生命的顽强与坚韧；从美妙的乐曲中，听出人生的变迁与磨砺；从精美的画作中，看出生活的自由与向往。通过美的熏陶和传递，学生可以在登山赏景时，感悟“会当凌绝顶，一览众山小”的绝妙；在观赏历史古迹时，产生“折戟沉沙铁未销，自将磨洗认前朝”的感叹；在闲坐静思时，品味“采菊东篱下，悠然见南山”的闲适。在不经意之间，学生提高了欣赏水平，提升了感悟美的能力，自然能够更加自信地面对学习和生活。美，是自信的彰显，在美的过程中，人生愈加精彩；美，是看不见的竞争力，在向美的过程中，生命更显厚重。懂美的老师，一定是热爱生活、倾心教学、善待生命的老师；懂美的老师才能打造出溢满爱的课堂，才能培养出会生活的学生。

一边教书一边美。把自己精心雕琢成一本鲜活的美学教材，把每一节课都经营得如烹美味，使学生在享受中度过，回味无穷。一边教书一边美，让形象如一幅水墨画，高雅脱俗，气若幽兰，用光彩照亮整个课堂；让情感像一首抒情长诗，含蓄隽永，蕴藏着深深的温暖，熏陶每一个求知的心灵；让品格像一块玲珑璞玉，莹润朴华，散发灼灼光彩，润泽每一个奋发的生命。

一边教书一边美。带着孩子们去欣赏一朵花的绽放，体验一种生命成长的过程，感受一种美的背后所积蓄的力量。一边教书一边美，在琐碎中抬头，从忙碌中抽身，越过纷杂的现实，看身外云山黛海，看繁华如梦，时光溢彩，看一路携扶，步履匆匆……美好比比皆是，纵深秋已过，百花凋零，空留残荷，也能听得晚雨吟唱。生活中，因有了美的存在，而多了几分诗意，几点温情；生命中，因有了美的存在，而多了几分力量，几分精彩。潋首问花未语，独有风声，亦是人间艳阳天。

雨果说："美向四面流泻着欢乐，放射出幸福的火花，在黑暗里发出光明，在命运中绣上金线，是雅致、和谐、仁爱的总汇。"

美是一种财富，越分享越多。美，经由一种感觉，上升到理性的思维，融汇成一种心灵的触动与共鸣。爱迪生曾说："最能直接打动心灵的还是美。美立刻在想象里渗透一种内在的欣喜和满足。"美，让人学会欣赏，懂得包容，善于明辨；美，使人增长学识，润泽心灵，令语言和姿势更具光彩。微笑是最美的妆容，善良是最美的品格，撒下美的种子，必能滋生出善的情意，最后成长为真的力量。

夕阳正好，一缕晚霞从窗户斜射入教室，映照着一张张朝气蓬勃的脸，他们认真思考的模样真美，他们专心捧读的姿势真美……

再忙也要留点儿白

中国古代二十四节气歌中，有“小满”之说。“四月中，小满者，物至于此小得盈满。”“满”则溢，万物萌发，生涩尽褪，小得盈满，不溢，不亏，华而未艳，实则有虚，又有未来可期，所有一切，都刚刚好。于万物，小满，正得适宜；于人生，“留白”，方显智慧。再忙也要学会留点儿白，儒家提倡的中庸之道不也正是如此吗？

教师的工作就像永不剧终的连续剧，“留白”，就是偶尔插播几条无厘头、小清新的广告。课间的各式花茶，饭后的健美体操，午时的养神小憩，都是不错的安排。好老师总会留一些时间，眯着眼睛虚度，让自己忘了课里课外那些事儿，清空重来；好老师懂得从繁杂的教学和生活中抽离，学会在泥里生长，花间飞扬，知道为自己“留白”，让生命精彩。

然而现实则不然，很多老师当下的生活现状，令人怆然。

时间被塞满。永无止境的作业和试卷，没

有尽头的分析和检查，一个接一个的会议，一项接一项的任务，一件接一件的事情，被填满的各种生活问题——孩子哭了，老人病了，水电煤暖，柴米油盐。老师刚刚从神圣的三尺讲台上走下来，瞬间便又遁形于车来人往的红尘俗世中。时间被碎片化，再也无暇驻足欣赏夕阳的壮美、飘雪的惬意；再也无力凝神倾听花儿的吟唱、蜜蜂的耳语；再也无心认真感受泥土的芬芳和空气中无数个细小温暖的感动。

空间被塞满。互联网让人类不再“孤独”，身外的世界花团锦簇，缤纷多彩。各种声音，各种颜色，各种信息，一个个将感官撕扯，思维分化，冲击着大脑，充斥着世界。不去思考，脑子日渐生锈，无暇发呆，人生失去色彩。我们的生活满满的，却千篇一律，并没有丰富多彩；我们整日匆忙赶路，甚至在这一时刻，就开始思考下一时刻的事情，但我们的人生依然停留在表层，并不深刻有内涵；无心感受“明月、清风、我”的怡然自在，无力体验“白发戴花君莫笑”的稚子童趣。失去了自我，缺失了审美，年复一年，终于变得干涩无比，如同一只被榨干了蜜的蜂王。试问，这样的老师怎么能培育出有情趣、懂欣赏、乐学习、会生活的学生呢？这样的教育状态怎么能造就出志向高远，堪当大任的新时代接班人呢？

好老师要懂得“留白”。东方美学讲究虚实结合，追求线条的流畅美和意韵生动，中国传统国画也讲究“留白”。齐白石先生的《三馀图》，因只画鱼儿不画水，给人以无尽遐想，更添画面的立体感和时空感，更显画面空灵、唯美，经久不衰。这正如文学艺术中的“不写之写”。天地有大美而不言，晋代诗人陶渊明的“无弦”之奏，更显“此时无声胜有声”。空，才能包容，虚，方可悦纳；包容，才能共生，悦纳，方可成全。天地之大，在于有大片的空白，才能包罗万象，滋养众生。

在生活中“留白”。给自己留出一定的时间，走近自然，去欣赏花木生长，仰望漫雾扬沙；去倾听松声鸟语，尽观山川流水。把自己放空，让自己融入自然，感受生命的壮丽和秀美。给自己留出一定的空间，读读经典，会会朋友，听听音乐，聊聊天，喝喝茶，让思绪肆意飞扬，让悲欢尽情流淌。给他人留出一定空间，亲近而不过度，让情感因距离而变得长久；给孩子留出一定空间，相信而不逾越，让生长因有足够的舒展而更加自然。适当“留白”，能滋生出一种和谐之美。

在教育中“留白”。现实纷杂，人的精力和时间毕竟有限。作为老师，要常怀“空杯心态”，只有把思想和学识放空，才能容纳更多新的信息和事物，只有给心灵腾出空间，才能更专注地欣赏学生身上的美，更认真地感受教育的温度。教学中，给学生留出一定的时间和空间，让学生深入思考、自由讨论，去感受真理的来之不易和思维的碰撞之美；让学生亲自经历、探索实践，体味失败的悲伤和成功的喜悦；让学生敢于承认错误、勇于承担责任，领略进步的艰难和成长的内涵。不要喋喋不休，全盘代劳；不要事无巨细，亲力亲为；要给学生以启发引导，而不是提供答案；要给学生传授方法，而不是灌输知识。在“留白”的过程中，学生对课堂教学和教材的思考比重会越来越大，他们对周围事物的所见、所闻越具有认识性，就越能深入思考。正是由于给学生留有相当多的空白时间和空间，他们才能更好地边思考边钻研，边钻研边思考。这样，提高学生的思考能力就属必然的情理之中的事了。学校教育并非给学生的人生画上句号，而是帮他们打造好桨，成长好双翼，让他们到更广阔的天地去更好地翱翔。只有懂生活的老师才能培育出会学习的学生。适当“留白”，学生才能拥有更多成长的空间。

台湾著名美学家蒋勋先生说：“吴哥之美，在于用一个非常大的留白去衬托出一个建筑的伟大……”的确，生命中，不应该只看到“有”

的部分、“无”的部分，看起来是空白的部分，反而更显重要。“留白”，渗透着一种包容和成全。这个世界，多姿多彩，各不相同。大树有大树的伟岸，小草有小草的柔美，花有花的芳香，叶有叶的唯美，各自有各自的生命形态，每一种生命形态都有足够的生存和生长空间，都以自己独特的姿态生长、绽放。“留白”，才能和谐共生，相安生息，才能彰显出天地大美。

懂得“留白”是一种生存智慧，学会“留白”才能悦纳共生。思想有空间，行为有余地，身体有空间，教学有进退，凡事留空间，为人好收放。

不要让沉重的书包压弯了学生的腰，不要让书山题海拖垮了教师的身体，不要让中高考后的撕书等极端行为成为学生无奈的释放，不要让蚕死丝尽炬灰泪干成为标榜教师优秀的沉痛代价。学会“留白”，才能更好地经营人生，懂得教育，才能更好地润泽心灵。“留白”，就是给生命寻找到另一个出口，让学生与自己的世界一起丰富多彩，鸟语花香。

热情讴歌美好生活

老师是语言工作者，是吃开口饭的人。老师要做教育的美言者，传递正能量，发出好声音。不要将真实的社会生活毫无遮拦地裸露给青少年。好老师要带给学生热情、希望和信心，而不是悲观、失望和冷漠。老师的语言要积极乐观，温暖柔和，宽容仁爱，充满信心，热情讴歌美好生活。老师要用自己充满正能量、思想性和感染力的语言去鼓舞、推动、唤醒每个学生内心积极向上的力量。

老师首先要学习感受生活的美好，学会享受教学。法国雕塑家罗丹说生活中不是缺少美，而是缺少一双发现美的眼睛。教师工作的苦与累，自不必说。如果老师整天怨天尤人，心怀不平，那更是雪上加霜，既耽误了个人发展又影响了学生的成长，还会损害自己的健康。除非我们有能力换一份工作，可仔细想想在这个竞争激烈的时代，有哪一份工作是轻松舒适的?！既然改变不了环境，那我们就改变自己。心态怎样，世界就怎样。我们以挑剔抱怨的心态工作，备课时会嫌弃学校硬件条件差，上课时会嫌弃学生反应差，批改作业时嫌弃学生态度差，考试时会嫌弃生源差，发工资时嫌弃待遇差。工作生活中事事不如意，看不到希望和未来，这样的生活消耗了我们的活力与神采，使我们身心疲惫。当我们以享受欣赏的心态工作时，我们的工作也乐在其中。冥思苦想，突然茅塞顿开解决了教学中的一个难点，这种柳暗花明豁然开朗的喜悦，是别人无法体会的。经过充分准备上了一堂好课，学生轻松获得知识，神采飞扬，我们的心中升起丝丝满足。三言两语讲清了一个让学生费解的问题，学生那崇拜的眼神，也是一种享受。教师节的课堂，学生齐刷刷地站起来，一声“老师，节日快乐”的祝福，又何尝不是教师工作的幸福？送走一届又一届的学生，看到他们走进高等学府，走向社会成为有用之人，我们也会有些许的成就感。当我们学会享受工作时，生活不再沉重，师生关系得到改善，我们的生活也会充满阳光。我们的生存状态会告诉学生，即使生活很累，也要学会苦中作乐。

一个热爱生活、热爱工作的老师，他的语言应该是积极的、乐观的，耐心的、相信的，仁爱的、温暖的，宽容的、尊重的。

好老师的语言是积极的，乐观的。法国著

名作家大仲马说："人生是由一串无数的小烦恼组成的念珠，乐观的总是笑着数完这串念珠的。"人生烦恼不可避免，那么怎样笑着走完烦恼人生路，我想首先应该是有积极乐观的态度吧，凡事看到积极的一面才能乐观地面对。"横看成岭侧成峰，远近高低各不同"，本着这样的态度才能看到事物中的积极因素，才能乐观地面对。老师若能如此垂范，无疑会成为学生生命中的重要财富。

陶行知先生的四块糖果的故事是教育史上的一段佳话。面对一个打架的孩子，陶先生竟然能找出其四个优点，加以奖励，没有一句批评的话却能使那个男孩感动得泪流满面，而且后悔不已。这种高超的教育艺术是我们羡慕的。细细想来，陶先生其实是着力从积极的一面评价肯定学生的优点，触及学生心灵，才取得了意想不到的教育效果。我们只有掌握了这种语言艺术才能完成教育的使命。古人云：数子十过，不如奖子一长。也说明了这个道理，用积极的眼光看待孩子，肯定他的长处，他会越来越优秀，挑剔他的短处，他会越来越自卑。从积极的方面思考，更容易看到人性中高尚的、美好的东西。

好老师的语言是耐心的、相信的。有一位著名的节目主持人在一个谈话节目中设置了这样一个场景：一架飞机满载乘客，飞行途中没油了，可飞机上只有一个降落伞，她问参与节目的孩子："你看这伞给谁用?"孩子几乎不加思索地回答："给我自己用。"这时台下一片骚动，很多观众即刻做出了判断：多么自私的孩子啊！这也可能是大多数人的评价。主持人没有急于给孩子一个评价，而是蹲下来问孩子："为什么呢?"此时孩子已经满含泪水，清晰地说道："我要跳下去，找到油后，再回来救飞机上所有的人。"

主持人的耐心挽救了节目，拯救了这个孩子。此时的主持人，就是一位具有教育智慧的"教师"。在我们的教学工作中，却常常与之相反，我们习惯于戴着有色眼镜揣测学生，而且自我感觉良好，把握十足，妄下定论，这种盲目的自信，曾经有多少次扼杀了孩子们的好奇心，曾经多少次抑制了孩子们的热情。我们本为教育者，却成了孩子成长路上的绊脚石。唯有相信学生，老师才有耐心，才能给予学生自由成长的空间，才能有更多的机会引导学生向上成长。

好老师的语言是仁爱的、温暖的。好老师都非常注意保护学生的自尊心，用心激发学生力争上游做好学生的愿望。《悲惨世界》中，出狱后走投无路的冉阿让偷走了收留他过夜的主教的银器潜逃，被警察抓回，而主教竟声称银器是自己主动送给他的，使他免于被捕。主教的言行感化了他，从此化名马德兰洗心革面、奋发向上，开始新的生活。主教那颗宽厚仁爱的心胜过千言万语，胜过了监狱和警察。这个世界唯有爱的力量，是无穷的，是无敌的。没有爱就没有教育，爱在循循善诱中，并非在声色俱厉的训斥中。爱在量力而行中，并非在超越能力的严格要求中。

曾看到网上流传的一段视频，给我留下了深刻的印象：一个六七岁的小男孩在教室里疯狂地大喊大叫，疯狂地砸板凳。不知道之前发生了什么事情激怒了这个搬不动课桌的小男孩，周围的同学还在起哄刺激他，还有一位老师拿出手机拍摄，使他怒气更盛。看着这个可怜无助的孩子，看着围观的孩子和老师，我心酸不已。大多数人会指责孩子的暴躁，不可理喻，甚至会说其没有良好的家教。这些都是我们老师无法改变的。但在我看来，可能是他的自尊受到伤害，才如此暴怒，而且他的暴力行为大概不会对老师造成伤害，他稚嫩的双臂只能拿起小板凳，在桌凳之间，他显得那么弱小、那么无助。这时候，如果那位男老师能给他一个温暖的拥抱，抱抱这个可怜的孩子，问问他怎么了，安慰一下他受伤的心，抚慰一下他的情绪，我想他会很快安静下来。

好老师的语言是宽容的、尊重的。苏霍姆林斯基有这样一句话，教师的每一次尊重与宽容，都会使学生终生难忘，都会促使他去思考，在思考中做人，在思考中做事。

相传古代有一位老禅师，一天晚上在禅院里散步，看见院墙边有一张椅子，他立即明白了有位出家人违反寺规翻墙出去了。老禅师也不声张，静静地走到墙边，移开椅子，就地蹲下。不到半个时辰，果真听到墙外一阵响动。少顷，一位小和尚翻墙而入，黑暗中踩着老禅师的脊背跳进了院子。当他双脚着地时，才发觉刚才自己踏的不是椅子而是自己的师父。小和尚顿时惊慌失措，张口结舌，只得站在原地等待师父的处罚。出乎小和尚意料的是，师父并没有厉声责备他，只是以很平静的语调说："夜深天凉，快去多穿一件衣服"。

黑暗中，老禅师平静宽容的一句话犹如天籁之音，让我们感到老禅师的容忍、温暖、博大、高远、智慧。犹如春雨，滋润了小和尚的生命；犹如春雷，震动了小和尚的心灵。从此，他的心中有了一种温润的力量，这种力量将绵延其终生。同样，教育者的苛刻也会使学生终生难忘。

教育是艺术，语言更是艺术，借着这门艺术，老师要唤醒孩子们对美的追求。

不做教书机器

好老师是对学生有情有义的老师，是学生眼中有味道、有乐趣的老师，而不是单纯的教书机器。学生眼中的好老师大多富有幽默感、责任心强、尊重和关爱同学，或者是和蔼、开朗，专业技能强，又或者是外表端庄大方、帅气洒脱，等等。

想要成为一名好老师，一定要有成功的课堂教学。孔子说过："知之者不如好之者，好之者不如乐之者。"兴趣让学生愿意走进教室、乐于坐在那里听课；兴趣让学生从主动的追求中获得满足，智慧得到增长；情趣触动学生的心灵，让学生可以从中发现理想、坚持梦想、追求美好。好老师的课堂总是让学生充满求知欲和幸福感，总是让学生欲罢不能。

好老师的课堂总是充满欢声笑声，而不是简单的照本宣科。老师幽默的教学语言，既活跃了课堂氛围，又提高了课堂效率。课堂上的教与学都不是轻松容易的事情，紧张的情绪需要松弛，学生的压力需要减轻。如果我们的教学语言既符合哲理又不失风趣，就会使学生在欢声笑语中受到教育和启迪。而适时恰当的幽默会令人精神一振，学生会消除厌倦学习的心理，积极地与教师主动合作。教学语言幽默不是单纯为了逗乐，不是开过分的玩笑，也不是恶意的挖苦、讽刺。教师想要提高这方面的本领，必须要抓住一个问题或一个知识点，把它从各个角度思考透彻，才能看到它有趣的一面，久而久之，才能养成新奇的思考方式和幽默的态度。这就要求教师不仅要在专业知识上精益求精，还要学会灵活驾驭的本领。

好老师的课堂总是以沟通与交流为常态的。德国的克林伯格认为，不管哪一种教学方式占支配地位，相互作用的对话都是优秀教学的一种本质性标识。对话意味着平等的交流，也意味着合作与探究。在教学中，师生之间互相倾听和交流，从而达成共识、共享、共进。对话交流最基本的策略就是“创设情境”，我们可以在教学中创设学生熟悉的生活情境，学生怀着亲切感，自然进入学习情境。富有趣味性、探究性的问题，能激发其学习的好奇心和求知欲，对将要学习的内容产生需求的欲望，进而形成学习的动机。

好老师的课堂总是善于与学生合作，引导学生进行合作。通过营造一种平等、和谐、民主的氛围，在这样一个氛围里学生就会把自己想说的心里话都说出来了，发表自己的意见，说出自己的理由，提出自己的问题，并能主动研究……学生既可以接受来自教师的信息，又能够接受来自同学的信息，这样，既有助于扩大学生的知识面，加深对知识的认识和理解，提高学习的兴趣和效率，又能进一步调动学生对课堂的积极性。

想成为一名好老师，就不能做教书机器。我们要有自己的梦想，有自己的幸福追求。老师对学生的影响，离不开老师的学识和能力，更离不开老师为人处世、于国于民、于公于私所持的价值观。教师的幸福感在很大程度上对教育产生影响，幸福的教师才能培养出幸福的学生。教育者本身不幸福，只想做教书机器，就不可能有教育质量的提高，不可能有学生的幸福。幸福是一种生活状态，一种生活过程，是一种令人满意的生活。对一名好老师来说，教育不是谋生的手段，而是生活的本身；教育不是一种职业，而是我们的事业。积极寻求到它的价值和意义，才能最大限度地体验到其中的快乐和幸福。

好老师要懂得享受课堂，三尺讲台是展示教师才华和魅力的广阔天地，一堂好课的完成和回味往往是教师最幸福的时刻。课堂上教师忘我的情感投入、富有个性的教学艺术、大胆的学科整合，引领学生在感悟文本的同时，积极进行着心灵的对话，态度、情感、价值观得以升华。整堂课处处涌动着思考的波浪，时时展现着智慧的碰撞、心灵的启迪，这样的教学活动无法不使执教者体验到快乐与幸福。一个享受上课的老师，课堂自然是他享受幸福的舞台。好老师总是致力于营造一个充满生命活力的课堂，和学生一起探索，一起快乐，共同研究，共同成长，而不是做教书的机器。

好老师要学会追求职业生活的幸福。老师幸福感的重要源泉是学生的成功和他们对老师的真情回报。从学生对教师的尊重、理解和感激中，老师常常感受到浓浓的幸福。做老师要知道：自己首先是一个人，一个普通而平凡、有七情六欲的人。如果我们的人格魅力、我们的处事风格、我们的知识涵养、我们的点点滴滴都被学生铭记在心，那就是我们最大的幸福。

读进春天　传播春天

星期六的上午，小区寂静，间断传来小狗的叫声，还有小鸟婉转的啼鸣，阳光明亮、耀眼，天空非常广阔而遥远。看看临窗的树，分明正酝酿着生长的力量，那春暖花开的景象，已经近在咫尺。我以谨慎、深入了解的态度，再次阅读了克里希那穆提的《重新认识你自己》，这是一本朋友专门送我的书，书的封面上写着“20世纪最纯净的心灵，让整个世界驻足聆听的声音”。

克里希那穆提对自然、思想、智慧和灵性的分享，对生命的责任及意义的集中探讨，深深地吸引着我平凡的心。他的思想如同这早春暖阳，如同那吹面不寒的杨柳风，让人觉得幸福指数在每一次际会之后，都有实实在在的攀升。

克里希那穆提是印度著名的哲学家，而我更愿意称之为“伟大的教师”，一位帮助人类从恐惧、沮丧和含糊中彻底解脱的人生之师、智慧之师。

一样的周末，一样的闲暇，一样的阳光，不一样的思想。思想是可以直抵人内心的教育力量，是人无法回避的内心天平与指针。此时，自然想到我们做教师的人，在教学时，在与孩子们的相处交流中，是否能够拥有如斯有力直击心灵的力量。我们诞生思想，提升境界，关键不在聪明与否，而在是否用心。学习始于用心，幸福始于用心。我们是否能够用心读书，用心读人，胸怀宽广，心地善良。用心阅读时世的变迁，阅读自己的实践，阅读人性的同与不同……感悟人生的真谛，“用自己的光来照亮自己”。

如果教育是奠基幸福人生，那么做教师无疑就是送福种福的使者。虽然现实是，教师本身是一个不完美的人，一个有局限的人，但是教师可以在个人的有限中，让自己有效地工作，为学生传递正能量，激励学生茁壮成长。

做一片纯粹的绿叶

做培训教师已年逾七载，在这期间，我从未忘却自己肩负的责任，对工作一直是努力的。我在乎我的学员，因为他们身后是一所学校、一群教师，还有百千学生。我从心底想对我的学员好，为他们提供可能的服务，包括我的讲座以及分享我获得的各种培训学习资源。我的服务，其实不是那么的纯粹，也不是多么的无私——从主观意愿与客观实际来讲，也有宣传自己的成分——希望有人知道我对教育所倾注的心血和长久以来所凝聚的思考，希望能够以个人的才智贡献于我所选择的教育事业，也是为了增加家庭的经济收入。因为我的服务不够纯粹，现在深刻反省，我可能已经失去了许许多多的同行和朋友。

巴金先生有过这样一句话：人活着不只是为了自己，更多的是为自己所生活的社会多添一点光彩，让自己的生命开花结果。

在物欲横流，制度与道德频现“溃穴”“管涌”的当下，要做到活着不是为了自己，付出不求回报，做一个心地无私的人、一个纯粹的人，是多么不容易！一位伟人曾经说过，一个人做点好事并不难，难的是一辈子做好事。

掺杂私念的服务，有悖教育的宗旨，必须禁绝！站在讲台上的教师，必须要有专业的深度和广度，同时也必须兼备德行的高度。

有人说，教师的职责就是做铺路石，只有在上面铺上一层柏油才能显得光鲜，而如果有一天铺路石渴望突出于地面，它本身的职责也就殆尽了。我要做一个纯粹的教师！让自己成为一块铺路的石头，静静地让别人踏着我的肩膀前行。我要成为一片纯粹的绿叶，为每一个从我生命中走过的人，默默地提供点滴的绿荫。

山路十八弯

生活中总有一些人、一些事、一些地方，让我们难以忘怀。那些连缀着故事、蕴含着情义的记忆片段，给我们带来人生的积淀和岁月的洗礼。

9月9日，教师节的前一天，作为北京教育学院外聘的教师，我再度走进了房山区教师进修学校。7年前，我正是在这里开启了一个培训教师讲学授课的专业发展之旅。房山区教师进修学校，是一个对我而言有着历史故事的地方。现今的校园风貌依旧，接待的老师热情依旧，学员们的好学依旧……当我以怀念的心情面对这一切的时候，体会到一种生命的感动，一种对生活的追忆与力量。

古希腊的哲学家赫拉克利特说过："你不能两次踏进同一条河流，因为流向你的水永远是不同的水，而第二次踏进河流的你也不是过去的你。"

作为教师，我一直把讲课视为"圣事"，追求上好每一节课。正是学员眼睛中那种心神聚焦的光芒，让我的职业生命变得精彩。

我经常思考，对于我的学员，我的课可否让他们积极热情，获得快乐？我看重的是授课中有意义的交流，引起听讲者的思考与审视，直达人的心灵。比起课后的掌声和赞誉，我认为备课和讲课的过程更加美好。

7年，一段不短的岁月；回眸概算，逾1400节课，120多场讲座，百余所学校……这一路走来，风花雪月，真是风情千种，更有感慨万般。

人生如登山，山路十八弯。看见的山越高，脚下的路越长。

自在于心

有句古话，“人皆行其心之所安”。对知识分子而言，我感觉这话尤其妥帖。当面临挑战或者无法回避的困难时，教师难免会有一种不确定感，或者“知识分子的不自在感”。这种感觉常常伴随着焦虑和压力，但对于维持教师的工作热情和能量却是一个重要的因素，它会激发教师寻找新的方向，开始新的学习，产生新的想法。

对于身处不自在状态的教师，交流和分享尤其必要。知识分子往往不情愿被压服。他们更乐意与人探究，而不是接受断言；沟通对话，而不是难以表达不同的意见。

我做培训很久了，看到了很多版本“围城”的上演。许多人刚脱离工作，从学校出来接受培训时，似乎难以进入学习状态，不适应新的环境，觉得不自在；经过一段时间的转变，体味到做学生的滋味后，那种自在的感觉让人很是受用；等培训一结束，回到工作岗位，新的不自在感就又出现了。这个轮回好像总是免不了的。就在这进出“围城”之中，我们收获了一份成熟。

把一个已经改变了的人送到一个尚未改变的环境中，对他而言，无疑是一种残酷的考验。因为个体发展本身不能带来整个系统的转变。现今许多学校的环境条件对于想要持续改善教育状况的教师来说，是很不利的。有句西方谚语：如果你骑的马已经死了，最好从马上下来。一些学校的组织结构和工作体系就是教育领域的那匹死马。对于教师个体而言，要迁善自我，同时也要对所处的环境施加积极的影响，促使其向好的方向转变，而不能静观徒等。无他，两条腿走路总比一条腿走路要走得快、走得远。

给你的是文字，寄托的是心情

近一个多月来，我陆续给朋友们发送了我手里的一些资料，不求回报，哪怕只是一句回复的话，我也十分满足。我只是希望能够有助于朋友的工作，或者与朋友分享一种感悟。

过去的一年里，我开始对我的学员说，喜欢生命里有你的感觉。赴加拿大培训之后，我觉得仅仅说出这句话，不足以传达我对朋友的珍惜与看重之情。我考虑得为朋友做些什么，要有实实在在的行为来寄托这份心情。

天下熙熙攘攘，几人与我相逢？你我能够相逢是机会，更是缘分。如果能从一个简单的认识走向理解，升华到关心，那我们就成为朋友。

人生如旅行。朋友，我能给你什么？

我没有深邃的思想，做不了你的灯塔；也没有广阔的情怀，做不了你的港湾。但我想，我可以做你的同路人，可以与你一起看风景；我可以做你永远的鼓励者，与你一起体会生命的壮丽。

读我的文章，我就是你的风景；读懂我，你就是我的知音。所谓知音，是指听懂了人的心，而不是听清了人的声音。

又见枝头发新芽

昨夜一场春雨，带来了清新的空气，也给人乍暖还寒的感觉。早晨乘车，看见一条广告语——“又见枝头发新芽”。一语道尽天时！我心里竟快乐了很久很久。

花谢花会开，春去春又回。昆玉河畔，桃花正艳，小草露头，杨柳已然绿了。这诱人的红与绿，是生命历尽了风霜雨雪之后绽放的色彩，望之，让人心暖。

春天来了，真好！

有人说，生命是一篇小说，它不在长，而在于有精彩的地方。我更愿把人生比作一次花开的历程，把心底的爱绚丽而悄然地绽放。

据说，在南美洲的安第斯高原上，长有一种奇异的雷蒙达花，100年只开放一次，花期两个月，花开时间极其美丽，花香扑鼻，花穗达10米，像塔一样高高地耸立。它在“临终”前才开花，花开8000穗，可结650万粒种子，花谢之后立即枯萎而死。

想一想，这花绽放前的酝酿过程竟然长达

100年！为了不长的花期而静静地等待了100年！在100年里，只是汲取营养，储蓄能量，静静地等待着，只为这花开的一刻。雷蒙达花开花的时候很美，我想说，雷蒙达花等待开花的过程也同样的壮丽。这传说就像一颗灿烂的明珠，镶嵌在我心深处，散发着明亮而温暖的光芒。

定格永恒的瞬间

一年又一年，2008年已然走进了历史的天空。

回首，一年来走过的300多个日日夜夜，我心里闪烁着许许多多幸福的瞬间。那些瞬间之所以无法淡忘，是因为它们联系着感动过我的人和事，联系着我的心情、感情和信仰。

瞬间成就永恒。有些情景转瞬即逝，给人的记忆却是永恒的、绚烂的，包含着美丽、精彩和幸福。从凤凰岭到云湖度假村，从校长大厦到未名湖畔，从凤山到青龙峡，从草原到大连，从山东到天津，从香河到祥顺福园，从梅河口到东辽……一个个难忘的瞬间组成了我的一段生命历程，绘制了一幅绚丽多彩的“情义之旅”地图。

每一个人都是重要的，每一个讲台都是神圣的，每一个瞬间都是无法复制、无法再现的。我唯有以虔敬的心面对社会与生活，以审慎的心去思索教育与人生，以热爱的心去期待一种启明，默默地修炼自我，争取能够有用于朋友，能够在别人的生活中，发出一抹不确定的、明净而又微弱的光亮，在微小中展现博大，在瞬间里定格永恒，不枉人生一相逢。

春天的课堂

春回大地，风和日丽，柳树发芽，桃花盛开。在这生机勃勃、阳光明媚的季节里，德育校长研修班于3月19日举行了进入新学期的第一次集中学习。从学员们灿烂的笑脸上，我看到了欢聚的喜悦。在彼此的问候里，我们感受着友善与亲近。

8点30分，人已到齐。有事没来的学员们先前都已郑重其事地请了假，而临时加入的两名学员，则平添了一份新鲜感。三名小组代表发言，让我们很快就进入了德育管理者的思考空间。他们的认真、热情、幽默和智慧，让每一个听讲者自然而然地成为他们的思想同步者和合作者。张老师、何老师的点评，小组交流时的和谐、探究氛围，激发着每个人自由而专注的思索。

春天，我们有着春天的心情；春天的课堂，我们营造了课堂的春天。生活在这样的春天里，我们都是幸福的，徜徉在这样的课堂里，我们更是快乐的。

课毕，我情不自禁地想起了徐志摩的诗句："寻梦？撑一支长篙，向青草更青处漫溯，满载一船星辉，在星辉斑斓里放歌……"我们这些学员如同那剑河里的游学者，正在撑一支德育管理研究的长篙，在中学的星河里，唱响德育的歌，追寻着优质教育之梦。

西行漫记

（一）

4月中旬，应朋友之邀，我有幸游学西安，两天两晚的时间，情深义重的活动，一路留给我丰满而温馨的记忆。

去程，当广播告知飞机即将降落咸阳机场的时候，我的心情很激动，不由得想起了那个特殊的日子——2009年11月13日，周五，当晚，因为大雪的缘故，咸阳机场关闭，彼时飞机已然即将到达西安上空，却不得不返航北京。想到地面上已经从西安城里赶来接机的陈校长和毛校长，想到那些已经接获教育局通知第二天要集中听讲的未央区全区的中小学干部，我真想从飞机上跳下去！天时不利，如斯奈何?!

而今，时隔5个月，西安，我终于再来了！克制着激动的心情，我走向机场出口，一路举目远望，接机的人群前列，我看到笑意盈盈的陈校长和毛校长正招呼我呢，还有几位学员校长。热烈的握手，亲切的问候，顷刻融化了数月以来心里的惦念。有道是，隔山隔水难隔情，亦师亦友心连心！听着朋友们的问候，怀抱着一大束鲜花，我感到了自己言语表达能力的不足，三个区、六所学校的校长齐集相迎，这一刻，我感动！我激动！

因为飞机晚点，更因为兴奋的心情，开车带路进城的杜校长竟然在自己十分熟悉的地方，走错了路。多绕了一个弯，多进出了一次高速公路，也多了许多调侃的欢笑。临近夜晚10点的时候，我们才在西安市西郊一家有着乡村庄园风格的酒店落座，把酒言欢。餐后，因为时间太晚，加上交通不便，同行的几位校长当晚也在酒店住下，真是一陪到底了。入住房间之后，陈校长才告诉我，之前他们几位校长已经专门开过两次会，协商确定我的行程，包括饮食起居的全部环节。我不禁感慨：人生一世，能获得朋友们如此的厚爱，夫复何求！我感恩！我骄傲！

第二天早晨7点，杜校长和宋校长又驱车从休息了不到5个小时的家里，赶来与我们汇合。杜校长的车技娴熟，进城后不久，就把我所在的第二辆性能更好的车子给带丢了。为了追赶杜校长的车子，我们的司机杨老师历经了两次风险：先是闯黄灯被警察叫到路边问话核实身份，经过一番自我批评和批评，很快被放行，且免于被罚款或扣分；后是着急赶路，误入古城附近一处早市，行驶在人流如织的街巷，担心着随时可能出现的刮蹭，我们多次感叹杨老师的驾驶技术真棒！她的动作从容，颇有于万马军中取上将首级的风度和神采。紧赶慢赶，我们在讲座预定时间之前的10分钟左右，到达了西安高级中学。大约一周前，冯校长刚刚从西安育才学校调过来。吃喝着校办紧急准备的烧饼和豆浆，看着迎门教学楼电子屏幕上打出的欢迎语，还有专门制作的广告板，效率如此之高，我在心里对这所百年老校又多了一分敬意！

在西安高级中学的一天，是充实而愉快的一天。我一直被六所学校的干部教师感动着，激励着，在上下午近六个小时的时间里，大家一直保持着谦虚好学、饱满高昂而又热情专注的学习状态。

傍晚，我们在鼓楼附近的一家饺子馆用餐，那里的饺子很有特色，有很多套型、很多种类。就餐快结束时，毛校长才说起他家里这两天正有事，为迎接我一直都没有讲，晚上就不多陪同了。我赶紧感激地表示理解和支持。只到第二天早晨，我才知道那是怎样的大事啊！

按计划，第二天，我们要去渭南的韩城市，拜访司马迁祠，游览黄河湿地。因为有很远的路途，自驾车走高速公路也需要大约两个小时，清晨5点多钟，杜校长、冯校长和毛校长就赶到了西安饭店，直到约定的6点40分，冯校长才打电话给我，出发去韩城。杜校长已经准备了早点，牛奶和烧饼，为此次远行顺畅，他还专门请了一个好朋友开来一部好车。出发不到20分钟，临近西禹高速，毛校长接到了夫人的电话，紧急告别，匆忙离去。这时我们才知道他的家事，原来是他岳父近日病危。毛校长说夫人哭了，不用说，肯定是岳父过世了！我们在心里默默地为逝去的老人送上哀思！愿逝者安息！我们深刻地感受到人生的局限，生命的珍贵！我们要更加热情地好好活着！

汽车奔驰在西禹高速，我们无拘无束地谈天、说地、论人生，笑看沿途风景，感慨生活的奥妙和个人的局限。

韩城虽小，但很美，美得有文化，有品位，有诗意，我最关注的是这里史圣司马迁的祠墓。当天恰逢陕西各界“庚寅年民祭史圣司马迁典礼”，十里八乡的村民聚会于太史公坟前，场面很大，也很热闹。走过古石桥，踏着那些记录岁月的石条和磨盘，回想司马迁非凡的抱负、高尚的品格、不屈的斗志、艰辛的历程，联想到我此前拜访过的比干庙，无尽的感受如同不远处那静寂无声的黄河水在我的心上缓缓地流过。身临其境，不禁祈愿司马迁的一身正气两袖清风，流韵千年，光耀万代！

中午我们在合阳县城午餐，找了一个临街的饭馆，菜品和面食都做得挺好，可是服务员的表现却一再提醒我们：搞旅游开发，光有历史文化遗产是不够的，再好的旅游资源也需要有素质好的人来经营。对此，教育者也有责任，而教育普及乃至教育现代化依旧任重道远。

下午，我们前往洽川黄河湿地参观。《诗经》中著名的“关关雎鸠，在河之洲。窈窕淑女，君子好逑”便出于此。这里被称为中华情诗之源。坐马车，走河堤，观飞鸟，眺望宽阔的河面……没有想象中的兴奋，却是有些失落。目之所及，这片湿地的开发，已经有显著的无序感，让人猜想也许是这个保护区的管理人员不够专业。退耕还湿的力度还比较欠缺，应该还能够给鸟儿和鱼虾以更大的生活空间。总体感觉，我有幸来此游关雎之地，还是很不错的，毕竟了了我心中的一个念想。

有车真好，出门有朋友真好！因为相信爱，所以付出爱；因为收获爱，所以更加爱。“既以为人己愈有，既以予人己愈多。”

傍晚，朋友们送我到机场，餐叙之后，依依告别，相约暑假再会。可是，奔波没有就此结束，为了送上一份兄弟情义，送去一片真挚的安慰，四位校长又不辞辛劳，赶赴距西安百里之外的郊区乡镇，吊唁毛校长已经过世的岳父。

当我在周日深夜接近零点，回到北京家中时，我收到了陈校长告知结束慰问之旅回到西安的短信！

生活在于经历，幸福在于感悟。这就是我的西安之行，两天两晚的时间，我的48小时。我的良师益友，叫我如何不想你?!

（二）

淅淅沥沥的一场春雨，洗刷了京城阴天的闷热，风中送来清新迷人的气息。走出门，踏上潮湿的路，仰望雾霾的天空，我不禁深深地呼吸，再呼吸，一种淡淡的幸福感在心中油然而生，工作的劳累和疲惫顿时荡然无存。这天气，让我想起了5月初的成都，想起了鸭子河畔的三星堆。

春晚，风暖，锦城花满。多好的词句，写的就是天府之国——成都。有人说，成都是一个让人来了就不想走的地方。唐朝诗人李商隐的名句“美酒成都堪送老，当垆仍是卓文君”，让我对春天的成都一直充满了期待。我曾三次到成都，成都的灵秀和悠闲让我的心期盼长驻长留。

今年5月初是我第4次到成都。最让我开心的是，在那里会见了一群我敬重的教育界朋友，他们或资深学高，或稳健老成，或睿智潇洒，或热情爽快，每一位都如诗如书，让我仰慕。分别已久之后，相见弥足珍惜。成都之夜，济济一堂，畅谈畅饮，互动致意，那流转的愉悦，几乎让我忘了今昔是何年。

难忘探访位于成都郊外的三星堆遗址，那天也是阴天，偶尔飘落一些雨滴。一大早，田校长亲自来宾馆接我并全程陪同，谢助理驾车，我们前往广汉市。一路上，不仅有看不尽的美景，还有友谊的热忱和感动。三星堆是四川境内一处文化内涵十分丰富的古蜀文化遗址。博物馆的设计独具匠心，起伏的绿地，蔓延的绿植，蜿蜒的河湖，古朴的桥梁，极富观赏性，给人心静神怡的感觉。那一件件陶器、玉器、金器和青铜器，巧夺天工，让人叹为观止。精华荟萃的瑰宝在这座艺术殿堂里得到了充分的展示。在那里，我第一次详细了解到四川学者对“南方丝绸之路”的提出和考证，这实在是一个具有世界影响的历史发现。我又一次深深感受到学得新知的欢乐。

中午，我们告别三星堆，返回成都市，虽有细雨湿地，道路却未泥泞。临近市区时，始有大雨倾盆，那挥之不去的豪雨仿佛祝贺我们这一回邂逅了最美丽的风景。

归来已过半月，犹忆成都，想起那些词句：“翠娥争劝临邛酒，纤纤手，拂面垂丝柳。归时烟里，钟鼓正是黄昏，暗销魂”。我愿西行，且漫记之。

春天里我们种下一棵友谊树

分别的时间不过数月，而我对朋友的思念早已充盈心灵。

叫我如何不想你！

朋友，你现在还好吗？

当此之时，张林泉打来电话，要我支持一下拟议中的春游。

高兴，欢快，正合我意！

于是，春天里我们相约，一起去春游，去参加拓展训练，还为唐春霞的宝贝献出了一份爱心。

那一上午拓展训练的欢笑，那些动人的时刻，那中午的聚餐，我们为之沉醉，多么希望时光能够凝固，让欢乐延伸……

午后，历经长途跋涉，在韩村河镇的龙门生态园里，我们种下了一棵象征友谊的玉兰，种下了一份情义，为我们的相遇留下一个纪念。

那飘扬于枝头的名签，那培土浇水的场景……化解了我心中的思念，却又衍生出了一个新的情结。

感谢苏立、张联、徐春生、边杰、黄玉华，感谢克服困难参加活动的其他24位朋友，还有3位可爱的小朋友，还有那些我们想念和想念我们的朋友！

感谢4月15日与我们在一起的教练、司机和军人，感谢龙门生态园的领路人。因为有你们，我们很欢乐！

生命于每个人都只有一次，让我们培养一份清净无染的爱，一份不想得到回报的爱。我们因爱而来到人世，有一天离开，带不走钱，只带得去人世间的爱。

没有被阳光照亮心灵，没有与朋友并肩同行，没有听过花草与春风的合奏，你如何体会这生命的美好？

找回青春的活力，找到学生的感觉

从3月29日晚到30日上午，不到20小时，我就收获了两次深刻的感受。孩子在学跆拳道，爱人出差了，29日晚只得我送孩子去小区附近那个健身馆，那里我是常常过其门而不入的。

馆内人头攒动，气氛欢快而热烈。有人在跑步机上挥汗如雨，有人在体操房内翩翩起舞，还有人在举重场搬弄哑铃……人各有忙，闲逛显然是不合时宜的。我感觉到了内心深处运动的欲望，不由得走进单车馆体验了一把。在教练的引导下，伴着高亢明快的音乐，看着眼前那一群透着蓬勃生机的青年，疯狂地踩着脚下的踏板，我马上找回了青春的活力，激发了生命的力量，一种感动从心里油然而生！

心跳加速，呼吸变粗，腿脚越来越难以自主……不到10分钟，我的汗都出来了。悄悄地从单车上下来，我感觉到一种怕被别人窥视的尴尬，确切地说，是怕被别人轻视。那部单车已然成为我面前一座未被征服的高山。

健身的重要性，对我是毋庸多言的，道理

似乎早已谙熟于心，只是没有行动而已。我忙，我的朋友们也一直在忙，但是最好的休息方式，也许就是参加健身使自己放松，尽量地放松。现在，身体力行之后，我才真正体会到健身的必要。出汗后的轻松舒坦，我很喜欢。这是一种彻底的放松，对经常久坐的我有着不可低估的作用。我向我的朋友们发出参加健身的呼吁。健康是最大的财富，希望我的朋友们都拥有健康！

我爱我的亲人、朋友，爱我生命中的所有人，我也爱我自己，我也要健康！

30日，我有机会到北京市十一学校参加班主任杂志社主办的一次校长培训活动，聆听了一位年轻而杰出的德育副校长的报告。北京市十一学校管校长的报告，让我觉得上午的时间过得真快呀，坐在课堂上，认真地看，用心地听，深入地思考，充电的感受真好！这是做学生的感觉。做学生，是一种幸福！

由唐国强的一句话说起

一次外出学习，我幸运地和一位不寻常的导游结识，他的学识与豁达，使我不禁想起了唐国强说过的一句话："望远才知风浪小，凌空乃见海波平"。2月初，唐国强在中央电视台《艺术人生》栏目，应主持人朱军之请，以这样一句话概括了个人对人生与事业的感悟。

唐国强是我敬佩的为数不多的影视艺术家之一。唐国强主演的角色主要有:《高山下的花环》中的赵蒙生;《三国演义》中的诸葛亮;《雍正王朝》中的雍正皇帝；电视剧《长征》中的毛泽东。近日，由他主演的电视剧《长征》又获得了中宣部授予的精神文明建设"五个一工程"第八届入选作品"特等奖"。

唐国强说，表演是学不来的，是悟出来的。我十分认同这个观点。但凡艺术，大抵如此。

教书，做好教师也得靠悟性。好教师不是评选出来的，也不是只靠培训造就的，而是悟出来的。悟是什么？它要靠知识的积累，它要靠正确地认识自己、感悟社会、感悟人生。唯其如此，才会知道自己的长处在哪里，短处在哪里，才能明白所谓人世间的一些事情，才能够把人生智慧、细微情感和宏观事态以及具体的书本知识结合在一起，并完美地把它诠释出来。

教书，是创造性的劳动。对于教师来说，文化底蕴非常重要。所谓书卷气，由何而来？不看书，不读报，不学习，没文化，怎么能会有书卷气？没有了这种气质，没有了这种由文化底蕴铺就的创造力，哪里会有更多的机会与能力，去创造出更好的教育呢？

我相信，每一份付出，终究会有回报的。我一直追求上好课，让学员爱上我的课，有时会感觉很累。但我把这份累当作我的财富，我愿意沿着此路前行。

阳光灿烂桃花开

阴霾的天气持续了好几天，人的心情也难免受些影响。到周六早上出门时，天气依然阴冷，我穿着羽绒服，感觉还算合适，挺保暖的。8点30分到达海淀职工大学时，学员们已经坐满了教室，有几个人还抓紧在开课前的时间吃东西，这情景时常让我对他们产生一分敬意——学员的生活不易，周末了也不得休息。在职读书真是蛮辛苦的。

我做教育培训工作已进入第8个年头，在教育学院兼职也有7年了，但每次我走上讲台的时候，看着那么多双注视着我的眼睛，我都会为之振奋，因为我知道我的言行举止牵动着那么多人的心。我要对学员在我的课堂上的感受负责任。时髦的说法是，别忽悠，得讲真话，说出自己真实的体验和深层次的思考。

讲台上，我一贯大声地、开心地说话，这是我的工作。我得给予学员一些快乐，满足他们一些真实的需求。其实，有些时候自己的心情也不好，但一节课开开心心、有声有色地讲下来，心里反而变得阳光灿烂。

好课总是离不了老师的某些特点：真诚、激情和对当下生活的把握。这些年，我比较注意向一线教育实践学习，尤其是向同行学习，向朋友学习，向年轻教师学习。现代社会天天都有新事物出现，学校中也是新景连绵。培训者如果不学习在先，不了解教育实际，你的讲话就会被人拒绝。

每次面对年轻的教师群体，我都会变得话多。因为，他们让我看到了多年以前的自己——单纯、热情、好学，成长的愿望强烈，却缺乏经验，时常会感到无助。帮助年轻人好好成长，给新教师一些指导是我的责任。每次感受来自学员的感谢和感动，我的成就感就会油然而生，激荡着心海波澜，让我鼓足了劲继续前行。

下午，课后，走出教学楼，我猛然发现，雾霾已经散尽，北京终于有了一个晴朗的天！坐车经过西山脚下，举目远望，山上桃花盛开，如同潮涨浪涌，极为壮丽。春天，就在这一天里，天气的转换之间，浩瀚地来了！

人需要依靠人

3月13日，我应邀走进西城区教育研修学院，以“追求卓越，做幸福教师”为题，和西城区中学骨干班主任培训班的学员交流。有幸结识教育同行中的翘楚，我很珍惜这样的机会。此行结识了一批新朋友，西城区班主任工作室的侯老师、关老师给我亲切而谦逊的感觉，我希望能够和她们经常联系沟通。我还意外见到了一位多年以前的同事，真是很开心。侯老师介绍，她要在培训班内建设学习团队。我十分认同。如果说以前教师的成长靠的是个人奋斗，那么新的时代与环境，强调的却是团队的力量。

山，不需要依靠山。但是，人需要依靠人！没有合作之心的人，内心是焦躁而绝望的，也不会取得什么真正的成功。我们要学会放低自己，欣赏别人，做到视野开阔，心地善良。体谅别人的感受，是创造自我价值的源泉。人的尊严和价值是在人际互动之中实现的，而不是自己独立表现的结果。

合作可以大大缩短教师专业化历程。一个

人有一年职业经历，15个人交流，每个人就有15年职业经历。教师可以通过集体备课、共同教学、研讨、迷你讲座、读书报告会、课题报告会、论文交流会、论坛、沙龙等形式，实现“头脑风暴”，相互启发，经验共享，观点碰撞，思想交锋，共同成长。

良好的人际关系，使人产生安全感、舒适感与满意感，使人情绪稳定，不仅可以提高效率，增强凝聚力，还可以提高身心健康水平，降低人力资源管理成本。而不良的人际关系，往往使人有一种莫名其妙的不安感，心情抑郁，给人沉重的心理压力。人际关系的基础是人与人之间的相互重视、相互支持。

我们需要肯定自己，学会欣赏自己！也要看到别人，给人信心，给人欢喜，给人方便。

最近这几天，我多次得到好朋友的帮助，感觉温暖；也曾主动帮助别人，体会欣慰。在受到帮助和给予帮助之中，我品味着人生的幸福。

第三辑

扎实学识

在信息时代做好老师，自己所知道的必须大大超过要教给学生的范围，不仅要有胜任教学的专业知识，还要有广博的通用知识和宽阔的胸怀视野。

——2014年9月9日，习近平在同北京师范大学师生代表座谈时的讲话

如何让孩子爱上学习

如何让孩子爱上学习，这是令许多家长和老师发愁的一个问题。我们的教学内容，即要求孩子学习的课程，是经过专家学者精心选择的人类千百年来积累的基本知识、经验和核心价值，其意义是无须反复重申的。孩子们通常不是不知道学习的重要意义，也不缺乏来自师长的说教，可是许多孩子宁愿无所事事地闲待着，也不愿学习。更不用说那些逃避学习，却把热情和光阴消耗在电视机、游戏机面前的“动漫族”，那些无心向学，却痴心搜集演艺明星生活百科的“追星族”。有多少人曾经感叹：如果孩子能像爱动漫一样爱学习，像追星那样迷恋学习，那该有多好啊！为此，我们为人师者需要反思：什么是好的教学？如何让孩子爱上学习？

简单地说，就是学习活动本身要有意思！有趣味！

对一般人来说，有意思先于有意义。譬如食物，有滋味而无营养的可乐饮料就颇有市场，而有营养的东西，比如苦瓜，只因味道不美，就被很多人拒绝。动漫之于孩子，趣味是首要的，至于其意义如何倒是其次，孩子们常常忽视，不在乎。

教学不吸引孩子，一个重要根源在于，很多时候我们的教学没意思，缺乏孩子味儿，老气横秋，刻板单调，不能吸引孩子，孩子不感兴趣。因为教学过于严肃、严谨，枯燥干涩，缺乏应有的趣味和真情，即便孩子能够明白学习的意义，也难以爱上学习。

如何让教学有意思，让学习充满趣味？这是一个我们必须认真解答的教育命题。

有效的学习往往来自有趣的学习，兴趣是最好的老师！

有意思的教学首先来自有意思的教师。教学和情趣分离了，就不是好的教学。一个好教师必须是一个有情感、有趣味的人。教师在教学中起主导作用，决定着教学的方向、内容、方法和水平。有趣味的教师才能带来有趣味的教学。世界、社会和人生都是因为有趣才可爱，才吸引人，才令人留恋。

有意思的教学是联系学生经验，便利学生参与的教学。教师要尊重学生的主体地位，联系学生已有的生活经验，创造学生参与教学的环境、机会和平台。要让学生在参与教学活动中，不断丰富经验，学会运用自己的思维，抽象概括出反映事物本质属性和内部规律的科学知识，体验运用智慧进行脑力劳动的快乐和成就感，向往做有智慧、有文化、有知识的人。

有意思的教学来自师生的童心、精心和诚心。童心是指表现在教学中的一种敏感。老师要像孩子一样，和孩子们一起去发现，去解读课程内容，领会循规蹈矩与奇思妙想的辩证统一。精心是指对教学活动的投入，是对课程内容的“凝视”，通过凝视来捕捉与发现更多的情趣，使教学始终保持一种新鲜感、惊异感。最后是诚心，好的教学吸引人，最重要的原因就在于此。没有诚心谈不上品质。师生的诚心在教学中表现于细节。总有某句话或者某个动作在不经意间让人感动。

“话 疗”

——教育孩子的一种有效方法

只要为人父母，做教师，多多少少都会遇到这样的问题：教育孩子用什么样的方法效果好？怎样才能和孩子好好沟通？

一次外出开会，有幸与北京市德育管理专家北京市十一学校管校长同行，我以类似问题请教，他提出了“话疗”一词。大意是，为人父母或做教师的人要多和孩子谈话，很多问题的产生，根源在于谈话少，沟通欠缺或失败。对此我深表赞同。如果谈话少，那么亲子或者夫妻都可能会变得陌生起来。亲子之间日常沟通主要在于谈话，在谈话中交流看法感受，融洽增进感情，达成共识，实现教育的目的。谈话不是训诫指责，不是居高临下地提要求，下命令，不是强加于人，而是基于彼此人格平等，相互尊重，相互包容，心态开放的对话。

现代生活，大人小孩都挺忙碌的，无形之中，静坐闲谈，携手漫步都变得困难而稀有。

大人在职场奔忙终日，回到家时常常已经身心疲惫，热情和耐心几乎耗尽，容易心烦气燥。小孩子除去上学念书，钢琴、书法、舞蹈、游泳、少儿英语等各种各样的培训班几乎占用了孩子们大部分的休息时间，加上看电视、吃零食、玩玩具等活动，亲子之间、师生之间的谈话时间越来越少了。因为沟通不够，就难免彼此心理上有隔阂，认知上有落差。

和孩子谈话要获得好的效果，是要讲条件的，家长要综合考虑谈话的时机、场合、方法、内容等因素。力戒草率直言，话多唠叨。

教育不等于读书，教育包括内容很多。除了读书，教育应该还包括帮助孩子开发生活智慧、激发个人能力，以及引导孩子对美好未来的向往和追求，敬重生命，健康心理，愉快情绪，形成自我和谐。这些都不能用成绩来衡量。知识仅仅是最低等的学习对象，凌驾于知识之上的，还有技能、学习能力、创意、情绪、性格、兴趣、公德、信仰等等，这需要家长、教师的深入认识。

生活即教育，社会即学校。日常生活就是谈话时可以开发的丰富、生动、活泼、有意义的教材。晚饭后，家长和孩子坐在一起，或一起散步，轻松愉快地聊聊学校生活、社会新闻、孩子的兴趣爱好，没有批评和指责。在平等开放的对话中，潜移默化地教孩子做人做事求学的道理。这是家庭幸福生活的重要成分。

正本清源，谈话法，本就是中外先贤诸如孔子、柏拉图等教育家经常运用的行之有效的教育方法。

名师“大侠”论

时代呼唤高质量的教育，高质量的教育来自高素质的教师，这是一个迫切需要名师的时代，也是一个能够产生名师的时代。我国目前“坚持优先发展教育”，对名师的成长十分有利。努力使自己成为教育行业的佼佼者，成为一名优秀教师，成为名师是很多老师心中的愿望。通往名师之路虽没有捷径可走，却有一定规律与方法可循。那么，何谓名师？如何才能成为名师？我想说名师应该是指那些有知名度、有传播辐射效应的好老师。在此，我愿以武侠小说中大侠的成长来参照比拟，对名师的成长做些个人的议论。

在新的时代条件下，名师必然是好老师，而非有坏名声的老师，虽然坏名声也是名声。无论从什么角度看，名师都应该是德才兼备、身正学高的好老师。名师是富有民主和科学精神的新教师，能够推进从臣民教育到公民教育的伟大转变；名师是胸怀教育理想，正视时代现实，与时俱进做教育的有名之师；名师是术道兼修，名副其实，能够引领、凝聚、激励、辐射的优秀之师；名师是“学生喜爱、家长信赖、同行佩服、领导信任、社会尊重”的好老师；名师在教育科研中有自己独特的见解和主张，在教学上能够标新立异、独树一帜，是专业领域的引领者；名师有君子风范，是师德楷模，是教学能手；名师是经师、能师、人师的融合体，是学生心目中的榜样，人生路上的灯塔。名师不是一个老师的终点，教育家才是老师成长的目标和方向，但名师是成长中的教育家。

世间的道理往往是相通的。触类旁通，引而申之。名师的成长，好比武侠小说中大侠的成长。大侠不只是一些岁数很大的大侠，还有一些年纪轻轻就武功盖世的大侠，也称为少侠。那么，这些少侠，英雄少年是如何成长的呢？参照金庸所著武侠小说中大侠的成长历程，我把名师的成长之路概括为七个环节：拜名师——练套路——师兄妹对练——下山实战——闭关——拜大家为师——自编套路自成一家。这就是我的名师“大侠”论。

名师的成长与大侠的成长具有很高的相似性，其他各行各业的精英也大抵如此。一个人想要成为所在领域的里手行家乃至高手名家，故步自封，仅仅靠自身的努力而不知道借助外力，往往是极其艰难的，是很难如愿的。

第一，拜名师。名师出高徒。高人指点，贵人相助，往往是一个人成长的捷径。背靠大树好乘凉。现实生活中，大部分老师之所以成长缓慢，无所成就，一个重要的原因就是没有师傅，无人指点，专业发展处于自生自灭的状态。也可能他有师傅，无奈师傅自身水平有限，并非高人。遇不到大师，或者虽然遇到大师但不知拜师，或无缘求教，这是许多老师成长的真正困境。松下幸之助说："一个人能否成功，不在于你知道什么，而是在于你认识谁。"

人任何时候不能无师。古代皇帝尚且有三师："太师""太傅""太保"。老师也要尊师、敬师、拜师！一个没有师傅的人，常常是没有前途和根基的。政府和公司的顾问智库，个人的师傅智囊，决定组织和个人的前途。练武的人，常常问英雄出处，师从何人。你是谁？从哪里来的？谁是你的师傅？是少林寺的还是武当山的？是峨眉派的还是天山派的？问清你的师傅，基本上可以料定你的功力。有什么样的师傅，就有什么样的徒弟。若是你的师傅不行，那你也行不到哪儿去。一个老师要想成为名师，就得主动好学，主动拜高人为师，以德高望重、本领高强者为师。

高人往往不只是学高、艺高，品更高，他

们可以启迪人的心灵与智慧，导航人的思想与品格。一个优秀的老师，一个名师，通常既有深刻的理性思索，更有长期的实践积累，是理论与实践相结合的典范。通过拜师，可以学习名师积累的知识，可以学习名师探索的经验，并从中获得有益的借鉴，避免自己走错路，走岔路，走弯路。通过向优秀的人学习，读“无字之书”，可以更好地了解现实，更快地认识世界，可以更准确地把握当下，从而开创更加美好的未来。

理想的话，一个好老师应该有“三师”：一是行政导师，如校长、局长、区长等校内外各方行政领导。行政领导掌握着行政资源的分配和向上提升的渠道。老师的好，需要外部认可。好要别人说，好要领导说。二是学术导师，如专家、教授、学者，尤其是各级教研员、督学等各方有较高造诣的专业人士，他们可以提供学术资源，引领老师成长，帮助老师仰望星空，突破身在基层的局限，打开老师的视野和思路。三是实践导师，如名师、名校长，同行中的高人、能人。他们可以提供宝贵的实践经验，具体的操作策略与发展路径。

第二，练套路。套路就是基本功。对老师来说，就是教学基本功。“练武不练功，到老一场空。”无论南拳北拳，还是太极八卦掌，都有基本的套路。老师的练功，就是指专业知识和技能的操练。老师有五项基本功，即备课、上课、说课、听课、评课。这些基本功都需要老师要反复操练，才能熟练掌握。海尔集团总裁张瑞敏说：把每一件简单的事做好就是不简单；把每一件平凡的事做好就是不平凡。花大力气做好小事情，把小事做细。简单的招式练到极致就是绝招。老师的工作具有重复的色彩，重复的工作，要干出巧劲儿来。

第三，师兄妹对练。这就是老师们的同头备课，教研组活动，就是老师间的听课评课活动。武侠小说中，学武艺的人除了独自练功，也通常少不了师兄弟、师兄妹间的对练，相互切磋。正如唐太宗所说，“以人为镜，可以明得失”。在老师的成长过程中，只有自己的探索是远远不够的，还需要同伴的扶助，团队的合作。老师的对练切磋，常常是学科教研组或年级备课组内部进行的共同备课，互相听课，互相评课。《诗经》中说：“有匪君子，如切如磋，如琢如磨。”对练，是同事间的相互学习，以实现老师对所教知识和技能的深刻把握，融会贯通，“知其然，还要知其所以然”。

美国加州有一个红杉树国家公园，成熟的红杉树树干高大，可达70—120米，树龄800—3000年。这些树扎根于浅土层，它们为什么能屹立不倒呢？研究发现，没有独立壮大的红杉树，只有根部紧密相连的红杉林。这种“红杉精神”启发我们，在基础薄弱的地方，要想取得成功不能只靠一己之力，而要抱团取暖，众志成城，形成合力才行。在大多数学校，成为名师也不是老师仅靠自己就能做到的事。学校与教师之间，教师与教师之间，必须努力形成一个相互扶持、彼此支撑的整体。一个老师依靠优秀的团队，才容易成就更好的自己。

第四，下山实战。即老师的教学实践，也就是课堂教学、学生管理和课程开发。讲台是教师的主阵地，课堂是教育的主渠道。一个习武之人要想武功高强，光靠自己苦练是不行的，还需要走出山门，下山实战，鸣锣击鼓，与人交手，与敌过招，即武侠小说里自然少不了的格斗打杀。只有实战，修炼的功力才能得到发挥，学到的武艺才能灵活运用，自己的本事才会不断提升。如果有幸能与高手切磋，更是在行走中知变化，俯仰间得奥妙，一招一式用于实战，才真正知道如何变化，融会贯通，受益无穷。老师亦然，不断地学习读书，补充理论知识很重要，更重要的是将所学的理论知识运用于自己平常的教学实践，将看到听到的理论、经验、方法运用到自己的课堂中去。在教学实践中，悉心揣摩，细心体会，用心总结，逐步形成自己的操作办法、教学经验。只有这样做了，才有真知真会。现实中，许多老师并不缺乏读书听讲座，甚至听过很多报告，看了很多书，却未见专业水平提升，知的水平远高于做的水平。究其原因，往往是缺乏行动，做得不够，知道了不去做，知行脱节。知道了不去做，是假知道；学习了不去用，是假学习。实践出真知。好课是上出来的，好老师是干出来的。吃得多不运动，身体就会不健康；学得多不实践，心理就会不健康。学以致用，学用一致，是老师必须遵循的原则。

第五，闭关。闭关就是反思。对老师来说，就是教学反思、管理反思、自我成长反思。练武者达到一定的水平，都要有闭关一环节。大侠每隔一段时间，都是要闭关的。对于老师而言，就是要经常反思自己的教学，反思自己的管理，反思自己的职业经历和体验。反思的过程既是老师进行自我研究的过程，也是老师对自我专业成长进行理性评价的过程。

古往今来，多少风流侠客，武林高手，正是通过“闭关”这一环节而冲脱思想的牢笼与束缚，破茧成蝶、羽化成仙，让自己的功夫和造诣达到登峰造极、炉火纯青的境界。传闻达摩先祖也曾面壁九年，闭关修炼，最终悟成大道，觅得真经。

闭关是修炼内功，聚敛真气，反思提升的绝佳时期，是教师在积累了一定教学经验，在专业、技能等达到一定层次的基础上，进行自我生长、拔节的关键环节。这犹如一年四季之冬，聚集一季的能量，只待来年春天的蓬勃生长。教师的闭关不是与外隔绝地封闭自己，而是给自己的内心提供一个相对独立的空间，静下心来思考，潜下心来研究，反思自己的教学实践，总结成功有效的经验与失误失败的教训，建立自己的教学策略库，并进行提炼升华，物显外化，形成研究成果，用于指导以后的教学实践。这是教师获得突破性成长的关键时期，是专业发展由量到质的转变和飞跃过程。在这个阶段内，老师要耐得住寂寞，守得住初心。

反思是老师成为名师的必经之路。一个老师不成长、不发展的主要原因就是实践有余，反思不够。无论多么先进的理念都要经过实践来检验，都不可拿来生搬硬套。再好的教学理念也不一定适合所有的老师，再好的教学方法也不一定适合所有的学生。只有在实践中经常反思，不断改进，一个老师才能逐步寻找到最适合自己的教学方式。

第六，拜大家为师。拜大家为师者为大师。博采众长，才能站在众人之上。这里的“大家”是双重含义：一是名师名家，二是一群名师、众多名家。练武之人，行走江湖，除了增加实战经验以外，就是与众多高手过招，向各路高人学习。郭靖从蒙古草原来到中原大地，才有机会与武林中的“东邪、西毒、南帝、北丐、中神通”相遇，这才有了成为大师的可能。老师的成长也是一样，只要想进步，总会有空间，关键是怕你“找不着北”——看不清学习的方向，找不到学习的榜样。

老师在职业生涯中应适时地换师傅，以求实现新的更快的长进。一个老师刚刚工作时，自身浅陋，拜师比较容易，师傅就在身边，多尊敬老同事，多注意向周围的老教师学习，三年五载就可以成为学校的骨干教师。当你成了学校内的骨干教师，就要注意超越学校的局限和地区的局限，放眼全区、全市，寻找能人高人拜师傅，这样你就比较容易成长为区市级的骨干教师；一旦你成为区市级的骨干教师，就要放眼全省乃至全国寻找大家名家为师，这样你才比较容易成为省市级学科带头人、特级教师。向师傅学习的关键是弥补自己的短处，发展自己的长处，自我完善。

第七，自编套路自成一家。即成为名师大侠。郭靖游学四方，遍交各路高手，向众多高人大侠学习，但他没有把自己变成别人，他不是另一个“东邪”，也不是另一个“北丐”，他还是郭靖，一个功夫越来越好的郭靖。华山论剑，郭靖终成一代武林盟主。武功的最高境界是自成一家，老师亦然。学习别人不是成为别人，而是成为更好的自己。好老师要有众多的师傅指点帮助，博采众长，但只有走出一条属于自己的新路，形成个人风格，才是真正的功成名就。

《左传》中说，“太上有立德，其次有立功，其次有立言，虽久不废，此之谓不朽。”对名师而言，真正的名不只名在学识，名在思想，更名在品格。通往名师之路是幸福之路，也是艰难曲折之路。“不经历风雨，怎么见彩虹，没有人可以随随便便成功。”通往名师的路有千条万条，却没有捷径，除了争取好的机遇外，哪条路都离不开老师自身的努力与奋斗。无论能否最终成为名师，朝向名师的过程本身就是莫大的收获与财富，一路追求，一路达人成己，一路行过，一路芬芳。

教学成功的方法论

山不厌高，海不厌深。当老师的人，大都希望自己成为学生喜欢乃至仰慕的好老师，能够带给学生终身的影响和难忘的感动；做学生的人，大都希望自己能够遇到大师、名师、好老师，能够拨云见日，开启成功之路。好老师才能带来好课，好课来自好老师。好老师的教学犹如春风，让学生感受到生命内在的温暖和煦；好老师的教学又似雨露，让学生体味到心灵深处的滋润甘甜。好老师的教学成功并非偶然，需要老师个人的不懈努力与教育智慧、文化修养的长期积淀，再加上科学方法的有效运用。那么，好老师的教学成功有没有规律可循呢？一个老师该怎样做才能获得教学的成功？敢问路在何方?!

老师教学的一个重要目的是希望传播自己的思想，启迪学生的思考，让学生乐于接受或认可。好的教学不仅要有思想、有案例，把知识和道理讲明白，还要有文采、有气势，让学生愿意听，喜欢听，听得下去。好老师的教学要与时俱进有新意，扬长避短有个性，表达精彩有味道。成功的教学应该是内涵新鲜的、风格独特的、言语精彩的。这样的教学才会新颖独特，韵味十足，使学生流连忘返，回味无穷；这样的教学才会带给学生不寻常的惊喜与感动，让学生充满期待，思想生长；这样的教学是每一位老师都应努力追求的成功教学。

成功的教学，要求老师与时俱进有新意。创新是一个民族发展的动力和源泉，创新是课堂教学的生机和活力。好老师的教学是与时俱进、具有现代气息和创新意识的。好老师能够及时关注学生的发展动态，结合当下正在发生的事情，在教学中积极探索，努力挖掘，推陈出新，大胆尝试新的教学方法，让学生觉得有用、有趣，从而对课堂充满期待，对知识充满向往。好老师总是主动地创造变化，带给学生惊奇和意外，就像变魔术一样，在课堂上设计多姿多彩的活动，变出各种各样的道具、模型，让学生在一个个小活动、小游戏中探究发现新知识，获得新体验，也许老师还会变出多种多样的奖品来鼓励课堂上表现出色的同学，甚至在老师的课堂上还会变出一首首优美的诗歌或者一支支动人的乐曲，让整个课堂顿时充满诗意，其乐无穷。

在教学中，“老”教师的经验固然可贵，但

“新”课堂上的理念更受学生的青睐。一成不变的教学只会让学生感到疲累，每天面对同样的面孔，单一的模式，再“美”的景观，学生也会觉得乏味。老师的思维意识里有多少创新的成分，课堂上就会产生多少生机和乐趣，好老师丰富渊博的知识储备，灵活多变的教育方式，出其不意的课堂结构，都会让学生对其产生无尽的向往与期许，无论是课堂上的知识技能，还是老师的思维品格，总有一点会让学生觉得欣喜激动，受益无穷。

好的课堂，每一天都应该是新鲜的，好老师每天都能带给学生不一样的感受，让学生每天都充满期待，收获不同的惊喜和感动。民国教师江圣泗先生在给学生上科学课时，“把课堂搬到了剧场，把看戏人变成了剧中人”，他指导学生排了一出关于《火星人》的幕表戏。以至于他的学生著名音乐家周大风先生在《难忘的一课》中这样回忆：“自从这次演出后，学校图书馆里有关天文、农业、科学的书刊被借阅一空，学生们的作文，墙报，随笔等，科学题材多了不少，三三两两自由结合谈科学的人比比皆是，大有满心争说火星人之势。”正是这样富有创新意识和生命力的课堂，才造就周先生充盈丰满的一生。他说：“几十年来，我设计过炒茶叶的整形机，试制过钢琴用的塑料击弦机，研制了底板共鸣的七弦古琴，能转十二个调的半音箱，还兼任过六个钢琴厂的技术总顾问等，这一切都要感谢江圣泗老师对我的启蒙教育。”

课堂就是实验室，教室就是训练场。学习无时无处不在，关键在于教师的挖掘引导。教无定法，只要能起到相同的教学效果，教师可以采用不同方式去尝试践行。课堂中，把枯燥的公式、定义、定理用诗词表达出来，把细微的知识点用图形描绘出来，把手边的尺子、课本变成实验器材，把知识点编成顺口溜，打破传统思维，去大胆地整合改进教材，等等，这些都是创新。学生的创新思维源于教师在课堂上的创新启示，只有敢于创新、善于创新的老师才能培养出有创新意识的学生，只有充满新意的课堂，才能滋生与时俱进的思想。

成功的教学，要求老师扬长避短有个性。好的教学都是独特的，这种独特性就是来自老师的个性。老师的个性是其知识结构、人生经历和情感体验的一种综合体现。“独立之思想，自由之精神”，好老师要善于经营自己的长处，对于教学不要太过追求完美，而是要努力挖掘特色，彰显个性，形成自己独特的教学风格，带给学生和其他老师不一样的感觉，让学生喜闻乐见。

老师的个性是个人形象和魅力的集中表现，

相当于一张名片，对学生有着无形的感召力。钱穆先生笔下的诚之师先生在讲授地理课时亲自绘地图，生动有趣。讲一省，便在小黑板上画出一省的位置、山脉河流以及城镇关卡和交通道路。“一省讲完，小黑板上所绘地图，五色缤纷皆是。听者如身历其境，永不忘怀。”东坡先生云：“博观而约取，厚积而薄发。”正是因为教师胸有丘壑，学识高超，才能使课堂有血有肉丰富饱满，才能使学生在图文并茂中习得知识，收获到美的体验，感受到与众不同的魅力，从而对老师敬佩有加。

文史大师刘文典在上课时，不随常规，别具一格，常常由兴而起，兴尽则终。有一次，在讲《月赋》时，他特意选择在明月当空的氛围中进行。那时，校园里的夜晚月光浩然，刘老在地上摆满一圈座椅，而他自己独坐在中间，深情凝月畅吟《月赋》，颇有魏晋名士竹林倾谈之状，学生们皆为之流连沉醉。这样的课堂风格独特，韵味十足，简直就是一首扣人心弦的抒情诗，不只老师自己，就连学生都跟着投入进去，整个身心都灵动起来。好老师就是这样，个性迥异，收放自如，内涵丰富，精神饱满，把课堂经营成一篇篇雅致美文，形虽散，而神不乱。

有个性的教学不是外在的标新立异，哗众

取宠，而是老师在多年的教学生涯中的积淀和创新，是在特定情景下开辟出来的一种只属于自己的教学造诣和个人风格，是老师文化积累和个人修养到达一定程度时，由内而外散发出来的独特精神和个人气质，拥有其自身的内涵和深度，是别人无法模仿也学习不来的。在通过教学成功的路上，每一位老师都应致力于打造适合学生彰显个性的独特教学，而不是简单盲目的抄袭和模仿他人。

成功的教学要求老师表达精彩有味道。苏霍姆林斯基说："教师的语言素养在极大程度上决定着学生在课堂上脑力劳动的效率。"课堂的精彩主要来自于教师的语言素养。一个好老师，不仅要体现理科老师的严谨、干练，还要兼具文科老师的感性、丰富。好老师要重视言语口才的训练，练好舌尖上的功夫，不断提高自身的言语修养和表达能力，构建一套属于自己的独特话语体系。教师表达充满激情，幽默风趣，精彩有味道，课堂才能生动丰满、活力四射。

好老师的精彩语言不仅要具有很强的教育性，能紧紧地抓住学生的心灵和思想，更应该在课堂上为学生打开另一扇窗户，引领他们走向知识深处，去探寻未知的世界。林语堂先生在东吴大学讲授英文时，为了与学生增进感情，第一次见面时，便带了一大包花生。正当学生们疑惑不解时，他居然拿出花生，分给学生们吃。坐在前面的学生拿到花生不知所措，他自己却首先放进嘴里一颗，并说道："吃花生必吃带壳的，一切味道与风趣，全在剥壳。剥壳愈有劲，花生米愈有味道。"学生们忽然来了兴致，他便话锋一转，大声说道："花生米又叫长生果。诸君第一天上课，请吃我的长生果。祝诸君长生不老！以后我上课不点名，愿诸君吃了长生果，更有长性子，逢我上课，不要逃学。"学生听罢，轩然大笑，整个课堂顿时沸腾。如此幽默丰富、个性十足又不失礼的表达，学生怎会逃走？非但不会逃课，很多外系的学生听闻后也轰然而至。

好老师的言语表达如口吐莲花，一语既出，清香四溢，让学生在课堂上收获知识的同时也产生美的体验。马卡连柯曾说："同样的教学方法，因为语言不同就可能相差二十倍。"同样的内容，不同的表达，就会产生截然不同的效果。

时下确实有些老师，对学生既无耐心，又无爱心，课堂上对学生口不择言，动辄"你们怎么这么笨啊""说了几次你们都听不懂"，诸如此类的语言比比皆是，这样的表达不仅不会提升教学效果，反而会对学生产生不良的导向。教师不恰当的课堂语言对学生极具心理暗示的作用，长此以往会导致学生失去学习的兴趣和信心。

教育学家夸美纽斯说:“教师的嘴，就是一个源泉，从那里可以发出知识的溪流。”这溪流是潺潺动人，充满文学的味道，蕴含诗意的芳香，还是平缓无趣，呆板说教，一如枯燥的公式，主要取决于老师的表达是否精彩。作为教师，要努力使自己的语言具有专业性，精准又不失幽默，简明又富有激情，表达清晰又富有文学素养，让学生句句能受益，字字有启示，不只清晰易懂，还能产生课堂、学科之外的效果，更好地吸引学生，丰富学生，涵养学生，从而用自己独特的语言魅力，提升在学生心中的影响力。

在通往教学成功的路上，“虽万千人，吾往矣”。无论是创新意识，还是个性特色，以及精彩表达，都源于教师丰厚的个人文化积淀和品格修养，都来自于教师在教学过程中的智慧积累和有效学习。

子曰:“学而不止，阖棺为止。”作为老师，面对浩如烟海的知识，只有树立终身的学习观，永怀一颗谦卑的学习心，在学习中不断探索实践，在实践中不断突破创新，才能走出一条真正属于自己的教学成功之路。

读懂学生、家长和社会

好的教育，源自老师对教育的深度理解和真正敬畏。一个老师只有读好书，才能教好书。好老师都是爱学、勤学、会学的人。有人说，在这海量资讯的时代，学校给我们的知识只占人生所需的5%，其余95%靠继续学习来获取。阅读是终身学习的方式，联合国教科文组织自1995年起，把4月23日定为“世界阅读日”。

读书是为了读人。学生背后是家长，教育背后是社会。学生的问题，通常都与家长有关。教育的问题，通常根源在社会发展出了问题。好老师应该有一双慧眼，读懂学生、家长和社会。老师绝不能仅仅把学生的问题当作学生的问题来解决，也不能局限在教育行业内部来思考教育的问题。教育是社会生活的一部分。老师是在课堂上面对社会的人，学生是家庭和社会的缩影。人是社会的人，人是一切社会关系的总和。没有纯粹的学生问题，也没有纯粹的教育问题。读书让老师懂得人性的复杂、教育的复杂和社会的复杂。读书让老师理解教育的艰难与高尚，从而更加敬畏教育。读书让老师知道自己的欠缺和不足，从而获得学习上进的动力。

好老师要读书。诸子百家可以尽情徜徉，楚辞、汉赋、唐诗、宋词、元曲可以随意流连，明清小说、二十四史、经典名著足够我们用尽一生的时光去反复品味。此外，相关的专业书籍不可荒废，必要的教学典籍也不能缺失。生命短暂，若能心无旁骛地拜读人类优秀的文化成果是人生一大幸事。有人说："读书是与高贵的灵魂促膝交谈，与智者进行深层的精神对话。"读着读着，我们的世界在改变，我们的目光在不经意间会变得非同一般，深沉深邃。读书是老师的幸福。读书有高度，精神才有高度，人生才不会枯萎贫瘠。

好老师要阅人，要读懂学生。老师只有读懂了学生，才能有效地开展符合学生认知规律和适应学生成长需要的教学活动。孔子的眼光是独到的，子路和冉有同样问"闻斯行诸"，他却做了不同的回答。给子路的建议是先听听父兄的意见，给冉有的意见是听了就赶紧去做吧，这让公西华困惑不已。孔子根据自己平时的观察，知道"求也退，故进之；由也兼人，故退之"。孔子这样以一进一退来适性教育弟子，便能使他们避免过与不及的毛病。可见，一个会阅人的老师才能给学生以很好的引导。孔子之所以能做到因材施教，关键是了解自己的学生。要想了解自己的学生，必须用心观察。孔夫子确实不愧为万世师表！

好老师要在思考中阅人。课堂是众生相，孩子各种各样的心态都会不期然地从眼神中流露出来。反应灵敏的孩子眼中时刻闪烁着熠熠的光彩。勇敢的孩子会用眼神告诉你，“老师，让我来吧”。稳重的孩子目光如湖水，澄澈不起波澜，可一旦你呼唤起他，他的发言会在课堂上编织出别样的风景。反应缓慢的孩子会用眼神请求你，“老师再等等吧，让我再想一会儿”。而走神的、注意力不集中的孩子会流露出游离的、怯怯的，甚至羞愧的神态……

好老师要在碰撞中阅人。博弈是一种非常有意思的游戏，学生和老师在课堂上就某个知识点发生争论，这是最能掀起课堂高潮、激发学生求知欲的事情了。好的老师会冷静识辨哪些学生有创新精神，哪些学生有求异思维，哪些学生的思维逻辑性更加缜密。学生之间有了纷争，老师边当调解员，边当观察员，看看哪些孩子在抵赖狡辩，哪些孩子勇于面对事实，主动承担责任，化解矛盾。独生子女最容易出现的行为就是“文过饰非”，为自己开脱，这时候是老师引导启发教育学生的绝佳时机，需要好好把握。

好老师要在突发情况中阅人。生活是处于不断的变化中，学生将来是要面临和解决各种问题的，而在突发事件中去了解孩子是一种非常好的方式。体育课上遇到有孩子意外受伤的事件，老师最能了解班里各种学生的情况，看看他平时的好朋友有没有心急如焚，在第一时间伸手帮忙；班干部能不能挺身而出，用稳妥的方法解决处理；还有哪些热心同学帮助出谋划策；等等。一个班级每天都处于动态之中，每天都会发生各种突发事件，小到物品丢失，大到课堂上学生间的矛盾冲突，一名好老师，一名优秀的班主任，在解决问题的同时，一定用另一只眼睛在悄悄地观察学生，思考学生，从而发现能挑起大梁的骨干学生，委以重任，让班级管理日渐成熟。

孩子是不断成长变化的，不要一锤定音主观论断，而要反复观察，反复多番考量，甚至要采纳多方意见。好老师不只会用眼睛观察，用耳朵倾听，还会用心灵感受，给学生量身定做的、最适合的教育。此外，还要给学生创建更多的展示平台，提供更多的尝试机会，让他们得以更大的释放，让他们的潜力得到更大的发挥，老师也可以借此看到孩子更多的方面，更加全面综合了解学生，从而制定更加科学、人文、合理的施教方案。

好老师要与时俱进，适应学生成长的新变化。在当下“互联网+”的新时代，中小学生的个性特征和认知方式呈现出许多新的变化，要求老师做出相应的变化。现在的中小学生是数字时代的“原住民”，大多是“00后”。学生身上有一些新时代的品质：一是自主性，有更加强烈的意愿自主决定；二是选择性，要求有更多的选择，拒绝外部强加；三是差异性，要求自己与别人有不一样的特点；四是多样性，拒绝单调，希望有丰富多彩的生活。当代中小学生跟过去比较，认知的方式也发生了许多的新变化：一是过去中小学生获取知识主要是通过纸媒阅读，现在则是多媒介阅读；二是过去中小学生学习主要是面对书本知识，现在的学生则是面对互联网带来的海量信息；三是过去中小学生在学习中遇到问题主要是被动接受老师的指导，现在则是鼓励学生主动搜寻，自己解决自己的问题；四是过去中小学的教育主要是权威说教，现在的教育则是要求理性疏导。

好老师要阅读家长。一个好老师不能只阅尽学生心中的千丝万缕，还必须主动熟悉家长，联系家长。老师了解社会的一个重要渠道，来自于对学生的生活经历和其所在家庭的生存状态的了解。对家长的情况有足够的有效的了解，老师的教育才会事半功倍。家庭是世界上最重要的教室，父母是孩子的第一任老师。中小学生的问题往往与其家庭出生和教育背景有关。目前，我国社会阶层的分化已经是客观的事实，因为我们并非同步富裕，而是有先富后富，有大富小富，甚至还有至今仍处于贫困的家庭。财富、权力和声望不同的家庭，父母对孩子的教育期待也多有不同。父母是政府公务员、管理技术人员，还是私营业主、打工者、自由职业人员、失业者……他们的教育观念往往有着显著的差异。一般而言，贫困阶层的家庭往往更多地关注学生的考试分数和升学机会，富裕阶层的家庭往往更多地考虑是孩子的身心健康和兴趣爱好。家庭出身不同，学生的学习目的也常常不同，贫困家庭学生的学习目的更多是要找到好工作，比较看重一个职业的收入状况，以便未来接济并报答父母；富裕家庭的学生更多看重是否能够实现个人的人生价值以及将来想从事的工作的社会地位与个人声望。

老师要教育学生，就必须努力理解不同阶层人的生活。只有更好更多地理解社会，老师才能更有效地做好教育工作。一个人的出身是自己无法选择的，但这不是最重要的。所谓英雄不问出处，后天的努力对一个人的成长、成才、成功才是最重要的。老师在关注提高学生成绩的同时，更要关注学生心灵的成长。好老师既要维护来自贫困和弱势群体学生的自尊心和自信心，也要唤醒激励来自富裕家庭学生的上进心和同理心，同时要注意淡化等级观念，强调公平公正，引领全部学生追梦逐梦。既要教育富裕家庭的学生避免盲目乐观、不思进取，又要教育贫困家庭的学生避免自卑自弃、愤世嫉俗，努力促进不同阶层的学生彼此尊重、相互理解、团结友爱，防止学生之间互相争斗、彼此瞧不起与不团结。好老师要引导学生理智看待社会现象，教书育人，立德树人，培养德才兼备、内外兼修的一代新人，培育完整的人。

老师如何深入了解家长？一方面要善于倾听学生自己介绍父母的情况，另一方面勤于邀请家长来学校见面，或者做好家访工作。信息化时代，通讯与交流更加便捷，老师可以通过QQ、微信等通信工具做好与家长的沟通与交流工作，甚至还可以通过家长们的邻居、朋友、同事去了解他们的生活工作状况、家庭教育方式等信息，以便对学生进行全面综合客观的定位，引导、帮助学生更好地成长。

孩子是父母的一面镜子。孩子身上所有的优缺点我们都能从他的父母身上找到来处。通常，正直勤奋的父母会培养出品性良好的孩子。家风良好，孩子也一定自律上进。有人说不尽然，也有勤奋的父母，经济状况非常好的家庭，结果孩子懒散堕落。这通常是因为他们的家庭教育出了问题，有的是溺爱，有的是父母忙于工作带来的疏忽，有的是外力的干扰，这时候老师若是只着眼于学生，殚精竭虑地盲目教育学生，是收不到良好效果的，甚至可能适得其反。不如去很好地理解学生，给他们足够的心理依靠，去除其沉重的心理包袱，矫正其不良行为习惯，帮助其树立求善、求真的信念，引导其人生方向。

很多时候，老师面对的不只是学生个体，同时考虑着学生身后的整个家庭，以至于担负着民族的发展和进步的重任。老师的施教不一定能面面俱到，但一定要综合施策。教育需要老师从本质上培养学生，老师是为未来付出的人。老师要引导家长遵循孩子身心发展规律及学习特点，学习亲子沟通方法，改善家庭教育，与孩子共成长。努力提升家长的认识，从较多地重视分数转为更多地关注孩子的学习态度和学习过程，关注孩子综合素养的提升。了解家长，老师与家长的沟通才能顺利有效，才容易实现同心协力、共育新人的目标。

好老师要阅读社会。教育是为社会造就合格公民和优秀人才的事业。“师也者，教之以事而喻诸德者也”，一个好老师不只能阅人，还要能阅世，阅尽世间百态，才能引导学生走向更广阔的世界。老师最让学生感念的是给了学生一种看清世事的眼光，一种审视人生的智慧，只有这些能够带走的品质素养，才能成为学生将来生存发展和贡献社会的利器。要想学生具有这种眼光与智慧，老师应该具备培养学生眺望世界和社会的视野与能力，不止看到当下，更要让他们展望更加长远的未来。

好老师的这种经验来自于自身不懈的奋斗和追求，来自于理智的思维、深入的阅读和广博的见闻。一个好老师会用生命的全部去教育学生，包括他的人生经验和各种经历。一个生活阅历丰富的教师，更能对学生产生好的影响。好老师培养出来的优秀学生越多，得到的反哺越多。每一个优秀的孩子总会乐意把他最耀眼的成就与难忘的奋斗历程与最感恩的人分享。这很大程度上弥补了老师自身社会交往的短板，使其既能紧随时代的脚步，又能参悟世间百态，从而给学生更好的启示和引导。

教育工作是一项复杂艰难的工作，对学生、家庭和社会任何一方认知的缺失，都可能导致老师教育学生时遭遇挫折失败。一个遇挫碰壁的老师，他经历的曲折和磨难完全可以成为自我反思、专业成长的财富。一个老师做事越多，他的成长越快；他对社会的理解越深入，他的思想越有力量；他对学生的教育越有针对性，越能给学生留下深刻的影响，引领学生走上正确的路。

老师读书，学习前人的经验，是为了提升自己的教育理念和治学境界；老师阅人，了解学生、了解家长，是为了突破主观思考的局限，夯实全面施教的基础，形成教育合力；老师阅世，是为了拓展教育的有效渠道，更好地建构教育网络体系，发挥立体化教育的重要作用，从而使教育效果更加明显、有效、持久。

好老师就像一只蜜蜂，点点滴滴地采撷终会酿成芳香四溢的蜂蜜，其甜蜜和芬芳润泽学生的心灵，丰腴学生的情感；好老师还应该如一个摄影师，一路的风景尽收眼底，帧帧美丽展示给同行的弟子，带领着他们奔向更美丽的天地；好老师应该是一个分析师，读书，阅人，感悟世间百态，觅出条条捷径，指引学生走进“北京”。

写好文章

文章千古事，得失寸心知。写作能力是重要的工作能力，老师不可不重视。当老师，写不出好文章，肯定是有些说不过去的。尽管自己也常感“意不称物，文不逮意”，但为了能更好地掌控工作局面，并及时记录所思所想，我一直不避浅陋，坚持练笔。好老师胸藏锦绣，敏锐的心灵触角使生活时时刻刻总能在他的心头波光潋滟，一段往事、一块物件、一处风景、一串音符都会激发他的万千思绪，进而幻化出一篇篇佳作。

能写好文章的人往往有着高超的审美标准，他会追求把课设计得趋于完美。能摇动生花妙笔的人，就像他酝酿的氛围，就像他捕捉的意象，就像他蕴蓄的情感，就像他升华的主题，自有一种入眼的欣喜，入心的感动，入脑的冲击。而一个喜欢写作的老师，在每一堂课的设计上不期然地追寻一种境界，对知识来龙去脉的自然还原，引导学生们去探求，使他们在循序渐进中豁然开朗；课堂上的起承转合如行云流水般自然，让学生感受到师者的高超。讲是一种满足，听是一种享受，师生在共同成长中追求一种完美。

能写好文章的人有着敏锐精湛的炼字意识，所以，他会让课堂上的每一句话都恰如其分。写作讲究炼字，讲究用词，讲究一字尽其神妙，甚至因为一字可以成为千古名篇，令人回味悠长。一个精于写作的老师，他会非常注意表达，非常注意语言的切中肯綮。课堂上老师的语言要简，在愤悱之间，三言两语，迷津顿开，鞭辟入里。要灵动，如刀，游刃有余；如珠玑，圆润自如；如丝绸，绵长。要有层次感，能生发出课堂中不同的求知欲望；要有美感，能给人以舒适感，陶冶品性，增加课堂文化积淀。

能写好文章的人善于经营自己的内心世界，他的课堂会拥有一个美丽的灵魂。乐于写作的人，他的内心世界是丰富多彩的，他的心是柔软的，包裹着一腔浪漫的情怀，所以他会把生活调理得与众不同。他也会小心翼翼地呵护每一份真情，而这样的老师，在课堂上，是时时能激起学生共鸣的，其核心就是授课者美丽的灵魂。只有这样的课堂才会让学生怀想一生。

能写好文章的人特别善于搜集多样的素材，他也能广泛地扩充课程资源。一个执着于文学创作的人是一个感情细腻、善于捕捉信息的人。

生活中的点点滴滴都能在他的心里涌起阵阵波涛，激起他的创作灵感，他生活的世界有多广阔，他的创作领域就有多广阔。而这样的一个老师登上讲台，以其丰厚的知识储备和广袤的视野，他的教学是特别自如的。他能在学生感到“山重水复疑无路”的时候，打开一扇让其豁然开朗的窗；他也能在学生思路枯竭的时候，轻轻一锹，汩汩清泉流淌而出；他甚至能在学生感到困倦疲乏的时候，一个旁逸斜出，学生为之精神一振，积极性再次被唤起。

能写好文章的人特别讲究布局与主线的延伸，他具有课程设计师的潜质。一篇好的文章，除了高明的立意，独特的材料，还要讲究章法，讲究层次，讲究不同寻常的视角，讲究让人拍案叫绝的匠心。一个能写好文章的人，会把这份才思迁移到课程设计上。他会花费足够的心思参透教学材料，然后展开设计，形成一份优化的教学方案。

一个好的老师，从初登讲台到成为一个课程设计师，也要经历一个较长时间的历练过程，就像一个狙击手，是由子弹“喂”出来的，一个优秀教师是从课堂实践中磨炼出来的。

最初，一位年轻的老师可能依赖教学参考和教案汇编，照本宣科，人云亦云。要想进步，就需要一种“破”的胆识，在尊重教学规律的情况下，把课程标准藏之于胸，细细研读教材，依从学生的特点，解析内容，确定重难点，发现其中的经络，构画设想，体味“出乎其外”的快乐。反复打磨，假以时日，就可以成为一名能够掌控课堂、完成教学计划的老师了，可以说站稳讲台，独当一面了。

一个老师逐步形成了自己的教学风格，有了一定的教育经验，只能算合格。要想优秀，就要能担当起开发一门课程的责任，做一名课程设计师，不止教书，还要编书、写书，这就需要较高的写作能力。开发课程是一个极其繁难复杂的过程，包罗诸多要素，是一个老师教育追求和教育思想的高水平呈现。写作是促进老师专业成长的利器，就如余秋雨先生所说：“一个不被挖掘、不被表述的灵魂是深刻不了的、开阔不了的。不被表述的灵魂无法不断地获得重组。不断地表述实际上就是不断地组建自己的灵魂。”

写作促进思考，而教育方面的写作，无论是读书笔记、案例反思还是教育叙事，都在锤炼着从教者的思想，鞭策着他朝着更好的方向努力。纯文学写作，捡拾生活中那些触动心灵的瞬间，可以追忆往昔，可以缅怀亲人，可以纵谈人生感悟，可以畅想未来，可以记录风物，还能针砭时弊…… 偶尔翻检过去的篇什，当时的情景会历历在目，那种萦绕在心间的感动，真是无法言说，甚至会很惊讶，那些语句是如何形成的，脱离当时的情境感觉几乎不可能诉诸笔端，更多的时候，看到的可能是过去的稚嫩，比如，文笔的拙劣，架构的简单，思想的浮夸等，这表明了自己的成长、成熟与进步。写作真是一件见证岁月的奇妙的事情，当自己得到足够多的启示后，对生活的感悟更为深刻丰富，沉淀下来形之于文字的过程会更让自己感怀。老师坚持写作，坚持记录教书育人的心路历程，作为一种生活的积累，作为一种回忆过往的方式，作为一种对当下生活的品析，如果再能启迪一下学生的心灵，也不失为一种幸事；如果在写作上还能给学生以裨益，那可真是幸中之幸了。

作为一名老师，要为教育写作，要能记录下自己工作的印迹，切不可让花团锦簇的教学历程，最终归于流水落花，以至于在个人思想建树方面留下的全部是空白，致使很多宝贵的教学案例、教学心得、教学体会都随着时间流逝了。教师要及时捕捉到平时工作中的点点滴滴，认认真真反思，一字字，一篇篇，日积月累，当感觉自己思想足够丰富、驾驭教材的力量游刃有余的时候，也就离成为教育专家不远了。

每一位有志成为优秀教师的人应该立足于当下，坚持每天静心读书，做好读书笔记，写摘要，做批注，留心得，使读过的每一本书都化成自己思想的一部分。坚持写好案例反思，做到每一课都有反思，把自己的得与失及时记录下来，定期做好整理，反馈到自己的教学实践中，从而纠正自己的偏失，让自己的教学尽快完善。在动态的教育工作中，收藏遇到的各种各样的突发事件，把对这些事件的处理，把一个教师的应变能力，及时地保存下来，对师生双方来说都会是一笔宝贵的财富，利用鲜活的资源，完成教育叙事。让每一天的工作不断趋于理性有序。就这样点点滴滴地积累，“泰山不让土壤，故能成其大；河海不择细流，故能就其深”，即使不能成名成家，也可以“明其德”，可以形成自己的教学理念，在小范围内给别人以辅助。如果能分门别类整编成册，也算是为自己矢志奋斗的教学历程留下了一份沉甸甸的记忆。

既然选择了这一份坚守，就要忍受板凳坐得十年冷，靠自己的笃定，加上名师大家的悉心点拨，以及同道中人的激励鞭策启发，和同伴一起砥砺前行，虽苦亦甜。让越发美好的前景，感召着自己，如果恰逢一个非常好的平台，一分努力，一分耕耘，一定会结出累累硕果。

教一天，写一日，生命不息，教学不停，写作不止，也算是为师一生的注解。这样的人生不会随着年轮枯萎，而会熠熠生辉。

随着作品渐渐厚重，一个好老师在教学上的设计也会不断超越。他除了会把自己执教的课讲得风生水起，强烈的创作欲望，也会激发他开发出与之相关的课程，践行自己的教育思想，渗透自己的教研理念，诠释自己的人文情怀，在更广阔的区域里体现自己的价值，得到更大的成就，让学生受益。

一个好老师教书、写书的背后是他对教育的感知与把握，是他实践历练与心性琢磨后的成长成熟。好老师应该具备“三历”：专业学历、行业资历和社会阅历。专业学历主要是解决知识问题。一个老师读书越多，越有利于整体把握所教学科的知识体系，以形成完整的教学观，避免教学的割裂与琐碎。知识渊博，自然有利于教学有效，所谓厚积才能薄发。对老师来说，能够多读书还是要尽量多读书，抓住机会，努力提升学历层次。从专科到本科，从本科到研究生，从硕士到博士，这种提升是老师专业成长的重要的途径。行业资历主要是反映经验问题。通俗讲就是经得起考验！经验主要来自实践，是实践的反思与升华。经验丰富、见多识广的老师，解决问题自然办法多多。所谓三十岁的人看不到四十岁人眼中的风景。社会阅历主要反映的是一个人综合运用知识和经验解决问题的能力。教育问题根源在社会，反映的是社会问题。一个老师只有懂得社会发展的现状与趋势，了解世道人心，懂得人情世故，有对社会的深刻了解和把握，才能看清学校的问题，才能有效解决学生的问题。这“三历”反映的是一个老师的综合能力与学术水平，也揭示了老师自身全面发展的努力方向。

联结世界

老师是学生的引路人。教育即生长，教育要为学生未来的美好生活做准备。老师要引领学生从现实世界走向书本世界，又从书本世界走向现实世界。陶行知先生说，生活即教育，社会即学校，教学做合一。老师就是学生联结内外世界的引路人，既超越生活又回归生活，既继承过去，又立足当下，不懈追求美好生活。“以天下之目视，则无不见也；以天下之耳听，则无不闻也；以天下之心虑，则无不知也。”做一个好老师，要避免自我封闭，要开放自我，联结世界，悦纳世界，以自我的丰富与完善造就全面发展的学生。

“水尝无华，相荡乃成涟漪；石本无火，相击而生灵光。”从中国楹联报主编夏茹冰先生的这副对联，我们不难悟出交往对话的重要性。人与人在思想碰撞中才会生发出难得一见的智慧灵光，进而去探求更广远的路径。《礼记》中“独学而无友，则孤陋而寡闻”一语更道出了没有学伴的悲哀。诸葛亮在《诫子书》中，更是殷殷地指出闭门造车的短视，“多不接世，悲守穷庐，将复何及”！

现实状况是，许多老师工作之后的生活圈子是一个逐渐缩小的世界。从家门到学校门，两点一线的生活，往往会导致老师不自觉地染上“社交恐惧症”。一打开教材就进入一个自由而密闭的世界，仿佛不与外人交集，老师也能完成工作，但是我们的学生是要不断走向更广阔的世界的，这样一来，师生的生活似乎是相抵触的。作为教育者，应该努力克服这一惰性趋势，打开封闭掣肘的地方，让自己走向生活的广处和社会的深处。

做一名好老师，要学会与高人交往。“高山仰止，景行行止。虽不能至，然心向往之。”每个人都渴望与高人交往，渴望站在巨人的肩膀上去摘一颗苹果。但现实又是巨人似的一座座高山，那种无形的巨大的压力使人不得不退缩。这时就要学会告诉自己，名人也是人，也曾经和我一样，从平凡的路上一路走来，通过自己的点滴积累和辛苦打拼成长起来。所以，名人的成功历程对自身的成长有很强的借鉴意义和激励作用。向优秀的人学习如何优秀，向成功的人学习如何成功，他们丰富的储备、不俗的眼光、独特的方法、充盈的资源，都会成为教师成长过程中宝贵的财富，相比起自己费尽周折的独自摸索，会事半功倍。凭借这些无形的资源与力量，我们就可以为学生打开一扇扇眺望世界的窗户，把学生带到足够的高度，让他们可以一览无余地俯瞰尽享远处的风景。

做一名好老师，要学会在团队中成长，努力成为优秀团队的一员。“只有在集体中，个人才能获得全面发展其才能的手段，也就是说，只有在集体中才可能有个人自由。”“一燕不能成春。”一个老师与一个优秀的团队发生交集与思想碰撞，感受榜样的力量，把自己浸润到一种自我鞭策的氛围中。比如名师团队、省骨干教师团队、教研教改团队，构成这个团体的每一个成员都有各自优秀的一面。他们除了业务精湛、有独当一面的教学力量之外，常常还自有一种勇往直前的进取意识。每个人都有自己的独特魅力，或积淀特别深厚，或善于设计，或精于团队领导，或着眼于未来规划与开创…… 在优秀团队里，你不知不觉地就会受到来自各方面引领，这对于自身的发展，有着无法估量的作用。一个团队一定有其长期熏陶所形成的一种文化氛围，或温润，或平和，或担当，或上进，或开拓，会时时刻刻感染着你，潜移默化改造着你，使你的性格更加完美坚韧，思维更加睿智灵活，行事的方法更加巧妙、自然、妥帖。

一个好老师也要适时收徒弟，建立工作室，打造一个由自己领衔的老师团队，以壮大实现教育梦想的伙伴力量。老师的活力不仅体现在他所驾驭的课堂上，还体现在他的教学经验汇编和专题报告讲座中。如果能创建一个以自己的教育思想为引领和支撑的团队，团结起身边的人，或者说联合起志同道合的优秀力量，那么一个好老师所产生的辐射作用和影响力，是不容小觑的。

鲁迅先生说："天才并不是自生自长在深林荒野里的怪物，是由可以使天才生长的民众产生、长育出来的，所以没有这种民众，就没有天才。"先师孔子就能和当时最优秀的人，和其光，同其尘，而北大"兼收并蓄"的思想才使得其根基深厚，传承发展。对于优秀教师的自身成长而言，团队的作用尤为显著。在一个优秀的团队中，你比较容易感受到一种春笋破土般的超越；如果你是一个团队的领导，你就如定盘星，你会有带领众人的压力，当你排除一个又一个的困难，建立格局、产生影响的时候，你又会领悟到一种凌绝顶、纳百川的人生境界。孙武说："上下同欲者胜。"一名教师要想有所建树，就要有团队，哪怕化成团队中的一滴水，也会感受到海的澎湃和辽阔；要努力打开生命之源，滋润更多的同道中人，才会让自己站得更高。

小网络，大世界。“互联网+”的时代已经来临，各种各样的资源排山倒海似地涌来，各种各样的际遇也会不期而遇。这时候，一个好的教师，会借助网络给学生铺出一条通向广阔天地的道路，让它成为获得知识的最佳载体，成为解决实际问题的最有效途径，成为创新思维的强大媒介，成为开阔视野的闪亮导航。好的老师不但要了解网络，还要通过各种网络方式，扩充自己的资源。倘若有幸拜访到德高望重、术业专攻、博学睿智的名家，一定要创造机会，引荐给学生，让学生依据自身的需要，去丰富、去拓展、去探知、去寻找解开未来的密码。再好的老师，再能看向远方，再强大，也不可能包打天下。面对性格品质、出生家庭、教育背景各不相同的学生，老师能做的就是给他们提供各种可能，给他们以方向，让他们自己选择，自己把握。妄意的干涉，强行的束缚，甚至殚精竭虑的定位，都可能带给学生一生的遗憾或伤害。

好老师要尽量走得更远。有一句话“心有多大，舞台就有多大”。一个老师，当他的内心可以装下世界的时候，他的课堂就变得辽阔了。他可以和形形色色的人有交集，他可以处理方方面面的事情，他还应该可以剔除掉身上藏着的所有的“小”、狭隘、短视、偏见。学会眺望世界，学会以参悟过去为基础，来了解社会的发展趋向，向学生传授亘古不变的宝贵经验，以及创造事业大厦的基本道德法宝。当一个老师的预见性、应变性、创造性都有一定根基的时候，就具备了好老师的三种重要能力：读懂学生、重组课程、联结世界。

清朝学者金兰生讲：“大其心，容天下之物。虚其心，爱天下之善。平其心，论天下之事。潜其心，观天下之理。定其心，应天下之变。”叶澜教授也曾提出：“人类的教育活动起源于交往，教育是人类一种特殊的交往活动。”

做一名好老师，要学会站在当下联结世界的过去与未来。正如王充《论衡·谢短》中所言，“知古不知今，谓之陆沉；知今不知古，谓之盲瞽”。做教师要既能博古通今，同时又能站在制高点上，将社会众相尽收眼底。

教师若能联结世界，我们的课堂就能“纵览千古，横有八荒”，我们也能给学生一种胸怀、一种气度、一种眼光、一种韬略。教育的魅力就在于虽立足于一隅，却能统观世界，虽植根于当下，却能打开未来。好的老师就应该善于将狭小的教室联结成广阔的世界，从而挖掘外部社会的一切有利资源，把最好的教育资源引向学生。老师不是万能的，但老师要给学生创造走向世界的万种可能。我们不管基础厚薄、能力高低，都要每天勤学苦练、学思践悟，力争做到读书、干事、写作相统一，相促进，持续提升自我，以臻于完善。

为教师插上信息技术的翅膀

7月10日下午，有幸应许校长的邀请，我走进七一小学，进行了一下午的汇报交流。去之前，我通过七一小学的网站对学校进行了专门的了解，深深感动于七一小学已经取得的辉煌业绩和当前学校工作呈现的勃勃生机。

北京市七一小学于1954年建校，以党的生日“七一”命名。学校环境优美，设备精良，师资力量雄厚，管理严格，全面发展，办学有特色，是海淀区素质教育优质学校。

在这次汇报中，我要表达的重点之一是，提倡学校和教师积极开发、利用网络信息技术，实现超越边界的学习与交流，扩大学校知名度与教育辐射力，为教师插上信息技术的翅膀。

信息技术进入千家万户，已经成为当今中国的社会现实，尤其是在首都北京、在科技文化教育大区的海淀，电脑网络的应用已是人们日常生活的一部分。

近年来，信息技术在教育中的整合应用，使教育活动包括学习在内正在经历深刻的变革。

人们的学习逐步向超越时间和空间限制的网络化、个性化、群体化发展。

面对信息技术的浪潮，学校和教师应顺势而上，在教育信息技术的开发利用上为所当为，而不能麻木漠视，或者背离这个时代大趋势。学校要大力建设学校网站、论坛等网络教育空间，教师个人更要积极开发利用E-mail（电子邮件）、BLOG（博客）、360doc（个人图书馆）等网络资源，增强教育的力量，让学校与社区、学校与家长、教师与家长、家长与家长、教师与学生、教师与教师、学生与学生之间，实现超越边界的学习与交流。

我把网络技术的应用称为教师的“青云工程”，并热情地介绍了武汉实验外国语小学的“柳俊模式”。中小学家长会，通常一学期每班就开一两次，但武汉实验外国语小学二（5）班柳老师却利用博客，每天开“网上家长会”。柳老师每天将学生表现写成班级日志放在网上，家长通过跟帖，与老师和其他家长进行交流。班级论坛会员已发展到122人，家长们成了柳老师的忠实“粉丝”，很多家庭每天都是父母齐上阵，甚至有些爷爷奶奶也加入进来。日前，班上全体家长联名写信，推荐柳老师为“武汉市十大魅力教师”。而武汉实验外国语小学则大力推行“柳俊模式”，越来越多的老师开博客、建网页，把班级计划、活动安排及孩子们的表现挂在网上。

柳老师用班级博客，把师生家长凝聚得像一家人，每位家长都是副班主任，凝聚了各方教育孩子的心智与情趣，让教育有力量。

七一小学许校长在网络开发利用上率先垂范，她于2006年5月8日就在海淀教育信息网上建立了博客，目前访问量已达13，737人次，这在我所了解的校长中是十分突出的。七一小学的网站被评为“最受青少年喜爱的绿色网站”，浏览之后，我对学校的现代化办学、国际化视野和个性化培养有了鲜明而深刻的印象。

在建设班级公共邮箱、班级博客和网上个人图书馆等方面，老师确有驰骋才情、张扬个性的广阔天地。

教师专业发展阶段性的一般概括

站上讲台(教龄1—5年)特点：入职初始，角色转换。由大学生、研究生转变为中小学教师，摸索前进；努力适应生活环境和节奏的变化；对教学内容不熟悉，努力学会做日常教学工作；学习面对当今有个性的学生；注意力主要集中在自己身上，关注对课堂的控制，努力得到学生、同事的认可。发展策略：多倾听、借鉴、模仿。

站稳讲台（教龄5—10年）特点：积极寻找新资料、新方法和策略，渴望形成自己的技能，易于接受新观念，不断创新、改进、丰富自己的教学。课堂思路清晰、讲解透彻、方法得当有效，教学目标设定科学，教学资源也开始积累得丰富多彩，前半阶段是教师专业发展的激情期，后期将面临一个最初的“高原期”，容易出现职业满意度下降。发展策略：进行多种教学方式的比较与研究，以自我反思促全方位提升。

站（占）领讲台（教龄10—20年）特点：

形成自己的技能，拓展教学灵活性；教师开始从“一桶水”逐渐转向“汩汩清泉”的状态，出现第二次“高原反应”：有进一步发展的需求和愿望，然而所处的环境已经不具备相应的提升条件，可能不再追求专业发展。发展策略：深度反思、积极参与教育教学课题研究。

超越讲台（教龄20—30年）特点：帮助同事提高教学技能；广泛参加各个层次的教育决策及咨询活动。成为大多数教师学习和研究的对象，自身处于“输出”的阶段，教学风格独特、教育思想日臻完善，成为影响学生终生发展的重要人物。发展策略：追求对教育对象价值观和人生观的终身影响；追求形成大师风范，成为学生终生难忘的人。

深度理解，更深的欣赏

培训是一种探索和解决学员工作、生活难题的过程。有效的培训，应始于对学员的深度理解和真诚关爱。作为学员，他们通常对纯粹的理论没有多少兴趣，一般不在乎理论是怎么推导出来，又是怎么演变的，他们希望知道的是“是什么”和“我怎么做”。培训者对学员的理解程度，在很大程度上直接影响着培训的效果。

学员是带着全部生活经历来参加培训的。每一位学员都是经过了长期的系统学习的成人，又有一定的教育实践经历。每一位学员都是值得尊重、让人欣赏的。看待学员，我通常不看重其所在学校规模的大小、名声的大小，而在乎学员本人的思想水平和精神境界。

培训不是要给予学员原本没有的东西，而是一种系统而深刻的提醒。作为培训者，要努力将学员自身的智慧、知识、经验、情感等财富挖掘、激发出来。引导学员去除某些僵化的观念，克服对自身认识的局限性，改变思维方式，提升意志品质，从而更深地观察和思考教育，更深地品味教师的工作，更深地欣赏学生的成长。再回到学校工作时，学员就会有不一样的感觉。

课堂上，看着许许多多学员的眼睛，我体会到培训的价值，分外珍惜这面对面的交流方式。我感觉：付出思考和情意，换来别人生活的改变，很幸福；课堂内外的切磋，借助网络的沟通，很温暖；深度理解，更深的欣赏，很平静。

那一刻我真的很感动

在每年一度的区中小学校长任职资格培训班上，通常我都会讲一次课。这是一个我很在乎的时刻，面对来自全区中、小、幼、职、成和教委直属单位的学员，我清楚自己的压力与责任。

座中皆是英豪。学员的时间是宝贵的，我尊重大家的生命价值。如何奉献我心里对教育的爱，如何才能满足学员的期待，唯有备好课，讲好课。我常说，当老师的人把课讲好是对学生的最大尊重。

11月24日星期一上午，我为资格班的53名学员讲《民主科学管好学生》，课堂气氛愉悦热烈。我把管理理论、学习感悟与生活经验紧密联系，举案说理，现身说法。看着学员们那专注的神情和会心的笑容，我体会到心灵相通的快乐，感到我们的心融在了一起。

结课的时候，轮值点评的学员冯老师不吝溢美之词，并送我一首诗。掌声三番响起，我三度起身向学员们鞠躬致意。那一刻，我真的很感动！献身教育的宏愿再一次坚定！作为一名普通教师，我觉得自己是幸运的人！

当老师的人，经常生活在众多目光的注视之下，压力自然是很大的。压力源于责任。讲台是神圣的，讲课人对听讲者的责任，让我不能懈怠，唯有尽可能地少犯错误，调动自己全部的热情和智慧去做到更好。讲好课，需要有厚实的文化功底、丰富的课堂经验和严谨的治学态度，三者不可或缺。失误其实是好课的一部分，留下了遗憾是教师工作的常态。正是因为有失误，有遗憾，为人师者才能不断地激励自己，超越自己，把课讲得更好。

随着自己对教育的理解的加深、感悟的积聚，我对讲课日益谨慎戒惧，越来越感到任重道远。我愿将心底的爱带给我的听者，让我的课为听者所喜闻乐见，同时，更要修养心性，走上一条淡然、低调、平静的人生道路，尊崇自己所献身的事业。

附录冯老师的一首诗《喜欢生命中有您的感觉》："因为有您，我们的生活很快乐/因为有您，我们的工作很轻松/也因为有您，我们生命中的每一个宝贵的万分之一时间都会精彩纷呈。如果您在乎我们，我们是您永远的学生/如果您不在乎我们，我们还是您永远的学生。因为有您春天般的问候，使我们满怀了春天的心情，开始我们春天的事业！喜欢，真的喜欢生命中有您的感觉！”

情深义重，美好永念

人的一生，总有一些值得珍藏的瞬间，那一幕幕感人的场景和一个个难以捕捉的镜头，会常常涌入脑海，令人难以忘怀。

2006年的秋天，我有幸应邀到黑龙江省绥化市第一中学，做庆祝建校六十周年的学术交流。这次北国之旅，给了我许许多多情动于衷、义薄云天的美好记忆。

9月28日下午，在哈尔滨太平机场，我见到了白校长，一位亲和、睿智的特级教师。我俩一见如故。片刻的交谈，就让我拂去了旅途的劳顿，收获了心灵的慰藉。对白校长的学识、风度，我不禁油然而生敬意。

从哈尔滨至绥化，中途遇雨，风中传信，市教育局两位副局长已在高速路出口处迎候。同行者北航附中宋校长、特级教师孙老师。我感动而又不安，浓郁的情意充满心间。

入夜，抵达校园。鼓乐齐鸣，魏校长率众师生夹道欢迎。我被眼前的情景震撼！受宠若惊，诚惶诚恐，拉着俊朗潇洒的刘校长，我体味到一中人的真情重礼。扪心自问，我拿什么回报你们，我的校长、师长、兄长、同行，我可爱的同学！晚上，市领导设宴款待。如此礼遇，感恩之情无以复加。

绥化市第一中学创建于1946年，是黑龙江省首批办好的重点中学，省首批示范性普通高中、省级文明单位标兵。绥化一中人，以“勇立潮头、敢为人先、创龙江名校”的精神在改革中发展，在创新中超越，树立了“教师是第一资源”的理念，推进素质教育，深化课程改革，牢固构筑高考领先优势。坚持德育首位，探索思想教育新途径。确立了“内涵式发展，开放式办学”的总体办学思路和创建国家级示范高中的办学目标。

自从接到邀请，绥化一中的所有信息就吸引着我的耳目，牵动着我的心，凝聚着我的思考。

9月29日下午，我登上了绥化一中校庆的光荣讲坛，面向绥化一中的干部教师和市直学校的领导，进行了题为《追求卓越，做好教师》的专题汇报。历时3个多小时，其间休息10分钟。在绝大部分时间里，老师们保持着高度的关注和旺盛的情绪。这给了我莫大的鼓励，更让我钦佩的是，干部教师们谦虚好学的态度。

一次培训，一生结缘。让我们携手并进，

探索教育规律，探讨人生真谛，用心做教育，激励学生健康成长、成才、成功。

人生，一步一步地走过，时光总在不经意间流逝，只有不断的进取才能使有限的生命延长。让我们更加珍惜每个短暂的瞬间，铭记每一处人生的美景，让我们的人生拥有更加值得期待的未来。

激情荡漾

在巍巍的阴山脚下、逶迤的黄河之滨，舒展着一颗灿烂的草原明珠——包头。千百年前，这里水草丰美，是一片美得连鹿都要回头的地方。

8月14—16日，应包头市教育局杨文政副局长的邀请，我和北京一零一中学的特级教师严校长结伴，走进这座山川秀美的“鹿城”，为包头市1000余位德育干部和骨干班主任做了专题讲座。我有幸见到了老朋友，更结识了新朋友。在包头停留的时光，成为我生命中的又一段被幸福笼罩的日子。夜晚再度翻看在包头拍

摄的照片，甜蜜的感觉仿佛明润的清泉，涌流入我的心田。

现在的包头市，楼房林立、道路宽畅、绿树成荫、景色宜人，是著名的塞外钢城和草原明珠，又有“花城”和“树城”的雅誉，已经成为人们向往的旅游胜地。空中看包头，绿意盎然，四通八达，布局博大；行走在包头，更有“城在林中，道在绿中，人在花中”的美妙意境。穿行于绿意盎然的城市，徜徉于一代天骄的墓园，奔驰在宽阔的高速路，驻足于新中国的主战坦克前……那种心动的感觉，真的让你很容易就想成为一位诗人。

一流的城市，一流的教育。去之前，通过网络，我尽可能多地了解了包头的教育概况。包头教育曾得到教育部陈部长的高度评价，简言之，即“基础教育水平高，内涵发展状态好”。前期的了解，已让我心生敬佩，充满对身临其境的期待，并把此次讲学之行视为求学之旅。

8月15日，冒着酷暑，包头市千余名德育干部和骨干班主任济济一堂听讲座，他们谦虚好学、吃苦耐劳的品质，让我十分敬重，给我莫大的激励。包头教育系统的干部教师身上，体现的是一种敬畏事业的深沉的激情。

当晚，市教育局设宴款待，我又幸运地结

识了一位满怀激情与幸福感的教育局长。康局长富于感召力，其哲思雄辩蕴含着对教育的理想情怀。对包头教育的成就与发展，他以数据说话，如数家珍，娓娓道来，让我感受到一种自我超越的信心与从容，一种造福民生的睿智与激情。包头教育在“科学发展、强势发展、优质发展、均衡发展”的道路上，正展现着让所有人惊艳的风采!

外出讲座，我常带上相机，为的是留下一个个生命驻留的瞬间，为的是让记忆成为可以独享或分享的精神财富，并使之历久弥新。拥有这些财富，人生就不缺乏温暖追忆的情怀。某一天重聚，我就可以开心地对朋友说，你在我的生命里；因为有你，我很快乐；因为遇见你，那一路走来的困扰与艰辛，都是值得的。

走进北京市十一学校

4月18日傍晚，我有幸应邀走进北京市十一学校，与班主任们交流。我汇报的题目是《追求卓越，做幸福班主任》。在讲台上，我又一次收获了做教师的快乐。

班主任是班集体的组织者和指导者，是学生“人生道路上的引路人”。班主任的责任很重要，工作很复杂，做好不容易。

“上面万条线，底下一根针”，在学校里，上至校长室，下至一般的科任教师，学校里凡是涉及学生的事情，最终似乎总是要落到班主任身上。很多班主任整天陷于事务之中，身心疲惫。

有人如是说，班主任身兼多职，是老师、妈妈、保姆、训导员、心理医生、法官、裁判员、会计、清洁工，是唯一没有名片的主任，工资待遇最低的主任 ……

当天色黑下来的时候，我们看见了明亮的星星。正因为班主任难做，做班主任本身就是一种荣誉，一种有能力、负责任的体现。温家宝总理说过：知难不难，迎难而上。对于逆境、压力，我们应面对它、接受它、处理它、放下它。

可以这样说，做好班主任，是为孩子，也是为教师自己的人生幸福负责。

我对十一学校一直充满敬意。北京市十一学校原为中央军委子弟学校，在周恩来等老一辈革命家的亲切关怀下，由中央军委于1952年创办，是海淀区改革试点校。2004年被评为北京市高中示范校。新时期十一学校的办学目标是“北京一流、全国示范、中国名校”。学校拥有一支师德高品位、专业高学识、能力多方位、科研高水平的优秀教师队伍。现有博士20人，硕士92人，硕士研究生课程班结业者125人；特级教师20位，全国骨干教师或校长培训班学员8人，市区级骨干教师和学科带头人103人，省部级劳动模范或全国优秀教师11人。另外，学校常年有来自美国、英国等国家的外籍教师7—10名。

我向十一学校的班主任们做汇报，这个过程是双向的，它也是我自己在学习、在发现自己、在成就自己的过程。

期盼祖国教育兴

2007年1月16日至2月6日，我有幸参加了中国教育部组织的重点中学校长培训团，前往加拿大学习。能够暂时离开繁杂的工作，前往美丽富饶的枫叶之国培训，我心中充满着幸福、感动与期待！同时，也有着一种对发达的资本主义国家的审视心态。

15名来自北京和内蒙古的校长、教师组成了一个新的集体，我们相互珍重，团结友爱，一路上洒满了欢声笑语。虽然时间很短——只有21天，旅程却纵贯北美大陆——从温哥华到魁北克——八千里路风和雪，真可谓行色匆匆。浏览加拿大的风景，我们感慨多多。

在加拿大培训期间，我亲眼看到了这个西方发达国家经济的繁华、生活的高水准、环境的整洁、人与自然的和谐，感觉很震撼。我们培训团的一位校长，在抵达温哥华后最初的几天，时常对目睹的景象发出“太好了！”——“太美了！”——“太童话了！”的赞叹。我们亲切地送给他一个绰号——“三太”。这应是我们初步感受加拿大的真实写照。我也亲耳听到了身处异国的华人“祖国强大，我们海外华人腰杆也直”的心声，更加深刻地体会到邓小平同志“发展是硬道理”这一论述的正确，更加深刻地体会到党的基本路线的正确，更加深刻地体会到教育工作者的历史使命与神圣责任。

同时，我也看到，在加拿大繁华的景象下也存在着阴暗面：流浪汉经常可见，倒卧在公共绿地甚至是人行道上休息；多伦多市街头，有学龄少女在车流中乞讨。显然，西方世界并非一切都好。这使我对加拿大有了更深刻的了解，避免了妄自菲薄，增强了民族自尊心和自信心。

加拿大的人工费很贵，简单说，人很值钱。因此，旅行社的导游往往同时兼职司机。即使一个人原本只是司机，为了增加被聘用的机会，也得努力兼做导游。在加拿大学习期间，我们先后经历了三个导游司机。从他们口中，我们体会到三个加拿大——一个富饶康乐的加拿大，一个美丑杂存的加拿大，一个欲语还休的加拿大。究其缘由，乃是因为这三个中国人移民加拿大之后的境遇各有不同。一个是开有两家公司、入住高档社区的成功人士，一个是自己没有固定工作、靠打零工，但老婆事业比较成功的前中国民航从业人士，一个是对自己对加拿大都介绍不多、言语寡欢的人士。

景由心生，然也。马克思说，人的主观世界限制人对客观世界的认识。同一环境，人们感知的差异缘于心境的不同。“外面的世界很精彩，外面的世界很无奈。”精彩，还是无奈——生活处境影响着人对世界的看法。

面对“气人”的家长

9月14日，我的一位教师朋友发来一封邮件，内容如下：

“今天很郁闷，接到家长打来的电话，说了一些事，简直让我无法理解！一件事说孩子回家总咳嗽，说是学校装修的事；一件事让我提醒孩子中午吃饭洗手。第一件事不是我能解决的，我们只能开窗通风。洗手问题最让我生气，从开学伊始，我就要求孩子先铺桌布，然后洗手，最后拿饭。这个家长是怎么回事？”

读毕，许多感受涌上心头。省问之，深思之，为我的教师朋友、那位家长还有孩子，更为我们的教育……

我试回复如下：

亲爱的朋友，我能够体会你的感受，这事确实“气人”。

想那家长怎么可以不做调查，不了解情况，不知道老师的用心付出，就随便指责学校，向老师提要求呢？怎么轻易就把学校当成了不关心孩子健康的地方，把教师当成对孩子麻木不仁的人？

因为缺乏信任、不信任，所以负面思考问题。如此，这就是家长的问题了！一番生气之后，我们当老师的会恢复平静。因为，我们当老师的没有做错什么，我们至少基本上都是对孩子负责的，基本上都是好老师。

家长的素质提高，非朝夕之事啊。大环境的改变往往是缓慢的。我们总不能等到家长素质高了，大环境好了，再当老师吧。我们需要做些什么，使之有改善；我们要改善的，其实也正是教育的价值，教师之于社会的贡献。

首先，我们得面对这个不如意的状况，而不是排斥、对抗，那样是无益也无意的。生气和发怒，绝不是战斗。

亲爱的朋友，你别生气，气滞则血凝，伤神也伤身。家长不了解情况，对老师提些要求，甚至指责，是正常的。重要的是，加强沟通，用事实说话，并告诉他，你的感受。说服人时，有力的并不一定是道理，往往是情绪的相通。宽容他吧，把他当作一个问题，思考之，解决之。

其次，我们要在和家长的沟通中，让其知道我们教育在先，我们为孩子着想，做了很多的实事，从而实现对家长的教育，引导家长正确看待学校和教师的工作，建立互信。孩子的教育不仅是学校和教师的事，也需要家长的协助；在某些领域，家长的言传身教，其效果要胜于学校。

最要紧的是，在我们的日常工作中，要把我们对孩子的关爱用孩子能够感受到的方式体现出来。适当的语言表白也是必要的。让孩子成为家校良性互动的桥梁。

改变自己，才有出路。埋怨环境，天昏地暗。让我们用真情和智慧照亮孩子人生的路，赢得家长和社会的信赖与尊敬！

我和你，心连心

11月7日傍晚，接孩子回家的路上，西安市庆华中学宋校长来电话报告已平安到家。那一刻，我的心里涌动着许多的感慨，有几分留恋，也有几分温暖，更多的是一种紧张后的释然。2008年七城市中学校长北京班的一个月相聚，至此曲终人散。

为了忘却的纪念，我想写下一段文字，给那些和我一起走过了28个日日夜夜的28位校长朋友。太多的感想，如同珍珠美玉，如山如海一般，积淀在心里，我好几次想要整理，却终归忘言。

10月8日，和我的领导、同事一起，我像迎接亲人一样，以过节的心情欢迎来自杭州、广州、西安和乌鲁木齐等地的中学校长到北京来参加培训。

在北京班，暂时抛开了繁杂的工作，校长都变成了谦虚勤奋的学生。我们以社会为学校，以生活为课堂，先后走进北京中关村科技园区、北京航天城、青岛海尔工业园、烟台张裕葡萄酒集团公司、北京联想集团，乘坐京津城际高速列车，感悟新时代对教育的召唤。

我们不是脱离学校，而是在学校中培训校长，先后走进北京育英学校、中国地质大学附属中学、中关村中学、海淀进修实验学校、北京第十一中学、中国石油大学附属中学、济南九中、青岛二中、天津耀华中学、北京钢铁学院附属中学、北京交通大学附属中学、北京二十中、中国农业大学附属中学、北京六十七中、北京一零一中学，听校长报告办学经验，进班听课，与干部教师座谈，参观校园文化建设。

我们把校长和校长之间的差异作为宝贵的培训资源，校长培训校长，能者为师，长者为师，相互为师。先后组织了“我和我的学校”“教育考察感悟交流”“校长教学指导力的提升”三个主题论坛，校长们全员参与，个个登台，开诚布公，畅所欲言。

在北京班，多位校长生病了也坚持上课，成为坚强团结的模范。培训日程充实、紧凑，带来的不仅是丰富的收获感悟，还有难以避免的劳累。加上季节变化和水土不服，多位校长都成了病号，尤其是浙江大学附属中学的毛校长几乎是带病坚持参加了全部学习活动，至今令我心有不安，难以忘怀。

在北京班，很多校长建言出力，成为无私奉献的中流砥柱。在2—3天的时间里，要完成培训班的文集、通讯录、资料光盘和专题片的全部筹备工作，可谓难于上青天！然而，这几乎无法完成的任务，在学员校长们的努力下完成了！每位校长都是班集体的建设者，不做旁观者，不做批评家。

在北京班，任劳任怨的班委成为保证集体活动圆满顺利的核心，他们负责了从公共交通到旅行住宿，从学员论坛到服务老师的几乎所有班务工作。班委们不以善小而不为，尽善尽美、尽心尽力地做好了征集意见、形成决议、安排活动、服务同学的各项事务，其中，以山东和承德一远一近两次旅行安排之繁杂与反复最为不易！最难能可贵！最令人钦佩！

在北京班，海淀本地的校长，成为热心待客服务同学的标兵。北京钢铁学院附属中学纪校长承担了班长工作，他有过当天下午提议当天下午办妥学员公交卡的神速动作，更有带头邀请同学观摩学校的示范义举。北京交通大学附属中学王校长带来的泉城午宴、心理与科技教育展示、东来顺夜宴，以及麦乐迪欢歌，为同学们奉献了多姿多彩的“大餐”。中国农业大学附属中学李校长独具风采的学校介绍和新疆餐，让我们感受到非同一般的民族亲和力！北京二十中陈校长的报告和课改资料，有如“五花马千金裘”，联系参观联想集团，更让我们的科技之旅思绪连连。北京六十七中刘校长在最后一个团聚日摆下的“迎宾送行宴”，让我们了却了“好酒好饭送好友”的心愿！

11月4日，结业式当天，学员们留下了饱含深情的结业感言，字字珠玑。返程回乡之后，朋友们接连发来报平安的短信，表述“不相忘盼再会”的真挚情意。请让我们永远记住：2008，我们相聚在金秋北京！

在此，谨以西安48中陈宏洲校长的诗句作为结束语。诗曰：“奥运京城学月余，同学情结深似海。金秋十月硕果丰，二八学子智慧增。七省教育添英才，民族振兴指日待。莲藕断时丝还连，师生别离情无限。”

参与祥云行动

2008年11月13日，我参加了北京市“祥云行动——高中校长课程改革领导力提升工程”第二阶段培训“走进学校”在北京交通大学附属中学的现场学习活动，度过了一段幸福时光。其间，我聆听了王校长的办学理念报告和李校长“健康心灵成就美德”的专题报告，还听了两节创新型主题班会，对北京交通大学附属中学的领导师生十分敬佩，更有许多感动。在应邀做专家点评之前，我即兴写下一首打油诗，以抒心情。

学习观摩交大附中有感

——赠王方校长

就像一阵风

匆匆与你相逢

校园看花半日

春意满心胸

我想回到少年

再做一次学生

就在交大附中

正视生活的痛苦和压力

品味心与心的感动

心育点亮心灯

带着幸福走向成功

花香香到心里头

早上的时间总是显得珍贵，我快步走进校园，正要上楼，传达室的师傅在身后叫住我说，有个老师送花给我。一回头，见他手里有一束鲜花，绚丽而精致。淡淡的花香迎面袭来。那一刻，我觉得花好美、花好香，一直香到了心里头。

原来那位老师是我两年前的干训学员朋友之一，此次旧地重游却是来参加骨干教师培训的。前度培训曲终人散之后，学员之间是有过数次小范围的聚会，但是有许多人我竟然再未遇到过，感觉有些遗憾。

眼前的这一束鲜花，不仅带给我被欣赏、被尊重、被肯定的幸福感受，更是唤起了我的许多美好记忆。友谊，正像花香一样，清雅悠远，让人依恋。

青山依旧在，几度夕阳红。我为朋友的到来而感动，其实无须任何礼物和溢美之词，只想、只愿，朋友有空来坐坐。

附录六世达赖仓央嘉措的诗歌《那一夜，那

一年，那一世》，与朋友们共享。

那一夜，我听了一宿梵唱，不为参悟，只为寻你的一丝气息。那一月，我转过所有经轮，不为超度，只为触摸你的指纹。那一年，我磕长头拥抱尘埃，不为朝佛，只为贴着了你的温暖。那一世，我翻遍十万大山，不为修来世，只为路中能与你相遇。那一瞬，我飞升成仙，不为长生，只为佑你平安喜乐。

用思想点亮心灯

思想是一个人的真正生命——9月18日下午，在一零一中学听新教育实验的领航人朱教授的报告时，我对他的敬佩之情再次激越！有道是："听君一席话，胜读十年书。"能够有机会聆听朱老师的报告，真是值得庆幸。之前，我读过朱老师的《新教育之梦》，早已成为他精神追求的同路人，并自觉地做了新教育实验的"粉丝"。

当前中小幼职的一线教师，大多活得不轻松。之所以不轻松，是因为我们的教育生活和现今的时代分不开，和我们教育者对教育的认识水平分不开，和我们的教育行动能力分不开。

教师生活的艰难，教师奉献的故事，无论是发生在我们身边的，还是远在天涯海角的，都会在我们心里产生强烈的共鸣。创造孩子幸福人生的人要有幸福感，教师要幸福，这是当代中国教育的一个重要而且关键的命题。

新教育实验旨在努力帮助教师享受职业的幸福，使师生"过一种幸福完整的教育生活"。

新教育实验把教师的成长放在整个实验的核心地位，以教师的专业发展为起点。因为没有教师的成长就没有学生的成长，没有教师的快乐就没有孩子的快乐。

教育者的工作，不是简单的重复，而是一种对未来美好生活愿景的引领，一种不断创新、自我超越的进程，需要我们具有生命活力的激情与执着。我们要点燃学生心中的明灯，去唤醒每一位学生心灵深处巨大的潜能，唤起他们对成就感的需求，带给他们更丰富、更真实和更强烈的成功体验，鼓励其自由充分地发展，达到自我实现的理想境界。

人应该用思想来生活。教育工作是思想性很强的工作，不能“跟着感觉走”，完全凭经验吃饭，那很容易使人随波逐流，得过且过，浑浑噩噩，甚至陷入困境。

朱老师用他的思想点亮了众多教师的心灯。教师的成长离不开点亮心灯的人。我想到了中小学校长、教研员、科研员、教育行政领导、专家教授、政府高官……希望有更多点亮教师成长心灯的人。

校长应该点亮教师和学生的心灯。教师要点亮学生的心灯。愿我们都成为点亮学生心灯的人！

智慧施爱才有幸福

常有教师说，学生越来越难管，爱学生好难！更何况有些学生根本不可爱啊……在中小学里，有不少学生缺乏学习热情，也不在意教师的教育训导。教师为学生付出了一片苦心，而学生并不领情，这也是常有的事。

某些学校教师们聚在一起，谈论最多的话题之一，就是如何处理师生关系的问题。爱学生几乎成了精神负担，为了让学生高兴，大家忍着不发火，忍着不批评，忍着不惩罚，结果学生是快乐了，教师却憔悴了……

教育是爱心的事业。师生关系是学校永恒的主题，爱学生是做教师的基本要求。但是，教师仅靠爱心往往是难以胜任教育工作的。一个不爱学生的教师会感到痛苦；一个爱学生而不讲究策略、缺乏智慧的教师也一样会痛苦。爱学生应是教师的幸福而非痛苦。为此，我们必须具备施爱的智慧。智慧施爱才有幸福。

爱是一种能力。师爱是理智的爱？还是激情的爱？糊涂的爱？爱的目的不是传递爱而是让爱得以传递。如果我们的学生不会爱别人，那我们教师就没有完成教育任务。被人爱产生压力，爱别人才有动力。教师既要尊重理解学生，更要教会学生尊重理解教师，教学生明白“代价”，教学生尊重，教学生会爱。教师要善于让学生通过自己的努力来获取成功、承认、自信和关爱。教师应该着力于“唤醒”“期待”“尊重”学生，让学生学会对自己负责，引导学生爱父母、爱老师、爱同学、爱社会。

爱是一种教育力量。既然选择了教师这一职业，我们就不要吝惜自己的感情，不要把大事业做成了小买卖。有人说，教师的幸福具有给予性，他把无私的爱给予了学生，以学生的幸福为幸福，以学生的快乐为快乐，学生的全面成长就是教师最大的幸福。这是一种无保留、无条件、倾其所有的给予。让我们的学生在爱中学会爱。我们教师要学会享受教育的幸福，享受爱学生、尊重学生、关心学生的乐趣。智慧施爱，见证学生的成长就是教育事业的幸福。

写作是一条心灵的出路

时光如流水，进入2008年已经9天了，我好像还行走在2007年的时光里。在日复一日的忙碌中，我的生活好像正在沉沦，没有清晰的目标，看不到远方，思想也变得越来越肤浅了。

这种感觉，叫我何以承受？

也许，写作是一条心灵的出路。在书写中，可以有机会整顿心情……

我想起了那些快乐的时光、人和事：

当我工作了一天，下班回家，看到爱人在做饭，孩子在写作业时，我的心情是舒畅的、惬意的。

当我和爱人、孩子一起吃着简单而可口的晚饭，尽情享受三口之家的温馨时，自在和快乐的感觉常常让我陶醉。

当我被很多真诚的朋友关心着，和他们一起分享快乐、分担忧愁时，感动充满了我的胸怀。

当我站在讲台上，面对学员、老师尽情地演讲，充分展示自己的语言、表达自己的思想时，那种因发挥和奉献自己而产生的快乐包围着我。

……

我也有很多的缺憾，也曾经意志薄弱，目光短浅，也曾经承受委屈，受到伤害…… 回顾与反省，让我多了一份清醒。

拥有一颗平常的心，知易行难。

我试着接受逆境、批评和痛苦，不再苛求事事如意，不再计较得失平衡。生活中，并非每一份付出都必须得到回报。

面对所经历的一切坎坷，我愿意选择接受而不是拒绝，面对而不是回避。因为，这坎坷就是生活给予我的真实。我的经历就是我的生活。

生活即教育，社会即学校。感谢生活，她总是一再地让我醒悟并重新认识自己。

幸福在于细节。忙碌之中，幸福的细节很容易流失，就如同散珠碎玉。我觉得书写即收藏，它让我们的生活得以梳理、沉淀，让幸福的感动成为永恒。

教师的星空

11月12日，周一的早晨，天空淅淅沥沥地下着小雨，地面有点湿滑，车子的速度不太快。到达平谷教育培训中心时，已经是9点多了。陈主任早已等候，亲切而又简单地寒暄之后，我快步进入教室，开始向平谷区中小学校长培训班的学员们，汇报我对教育基本理论的学习心得。没有课间休息，一上午我连续讲了两个多小时，学员们专注的情绪让我感动，也让我思绪连绵。

在最近几年的培训中，在讲课之前，我多次收集到学员们的一个愿望："别讲那些理论的东西，请给我一些方法"。教育基本理论，似乎已经不需要我们再花时间去探究。大家对理论的东西往往容易认同，大多没有争议，而普遍对教育的方法策略更感兴趣。这种认识状况，引起了我的一些思考：改革需要理论的指引，无论是教育改革，学校管理改革，还是课程教学改革。难道学员们真的不需要理论学习了？还是需要学习什么样的理论？怎么学理论？因此，每次讲完理论课，学员们对教育基本理论的重新审视、重视，也就成为我收获价值感的主要来源。

面对变革，特别是频繁地更换教材和革新教法，许多中小学教师已经厌烦，感到痛苦，甚至有些不堪重负。教育受累于整个社会浮躁且急功近利的大氛围，已然是不争的事实。课改理论观念层出不穷，新概念、新词汇花样繁多。“专家打架”时有发生，这让一线教师颇感无奈：你们每个人说的都不一样，我该听谁的？如何防止照猫画虎？怎样能免邯郸学步？……其实，教育的根本、根基应该是相对固定的，教育的规律更是在短时期内不能变迁的。那么，中小学教师如何才能坚守教育的本真，保持头脑的清醒？如何才能避免“专家的个人误导”？……这无疑需要中小学教师个人在理论上的成熟。因为长期忙于繁杂的事务性工作，一般来说，中小学教师对理论的学习比较忽视。这在很大程度上限制了教师的专业发展。思路决定出路，理论指引方向。我以为，教育基本理论的学习在当下依然迫切、重要。

教育基本理论，就是教师需要时常仰望的专业发展的星空。

第四辑

仁爱之心

教育是一门“仁而爱人”的事业，爱是教育的灵魂，没有爱就没有教育。好老师应该是仁师，没有爱心的人不可能成为好老师。

——2014年9月9日，习近平在同北京师范大学师生代表座谈时的讲话

爱的事业

人们把老师称为人类灵魂的工程师，这样的评价让我们每一位老师头顶都有了一个闪闪发亮的光环。光环之下，应有高尚的职业追求与之相称。灵魂之高贵，只有用人类最崇高的情感——爱去塑造。用爱去塑造灵魂，用爱来铸成教育的事业。

爱是教育的灵魂，没有爱就没有教育。一个“爱”字，道出了教师最高尚的品质，也道出了教育至高无上的境界。古今中外，许多教育家都把热爱学生看成教师最基本的道德。爱因斯坦说：“只有爱才是最好的教师，它远远超过责任感。”爱是学生心中的太阳，能使学生感受到老师的温暖。苏霍姆林斯基说：“没有爱，就没有教育，热爱孩子是教师生活中最主要的东西。”鲁迅说：“教育植根于爱。”作家冰心也说过：“有了爱，便有了一切，有了爱，才有教育的先机。”

爱的事业首先是要爱学生。老师要对学生具有爱心。这是一种职业的爱，基于工作的爱，更是一份大爱。对学生而言，老师之爱，不同于父母之爱、情人之爱、朋友之爱。父母之爱不求回报，“不需要去赢得它，也不用为此付出努力”；情人之爱“必须靠努力才能赢取”，要深沉专一，而且不能分享；朋友之爱需要互利，既讲付出也讲回报，只对单方有利，朋友会做不下去。那么，师爱是一种怎样的爱呢？我想，师爱不是一种简单的私人感情，既有父母之爱的无私，又有朋友之爱的互利，还有情人之爱的深沉，不需专一，还可以分享。

做一名有仁爱之心的老师，即“仁爱之师”，应以“爱”为核心。热爱自己的事业，有一份乐于付出的执着；用博爱的胸怀对待学生及身边的同事；用宽容的态度悦纳别人的过失或错误。以一颗纯真的童心，一份期待的耐心，站在明天的立场欣赏孩子、激励孩子。学生不是应该被严酷对待的人，每一个孩子，每一种愿望都值得被尊重。

在这个浮躁的社会，一些学校为追求片面的办学效益，过度地看重升学率；一些老师只求结果，过度地看重学生成绩。换句话来讲，就是学生成绩好，老师就爱；学生学习成绩不好，老师就不爱。顺势去考虑可能会有：听话乖巧的学生就爱，调皮顽劣的学生就不爱；性格开朗的学生就爱，性格孤僻的学生就不爱；

家庭优越的学生就爱，贫困拮据的学生就不爱；会讨好老师的学生就爱，常惹老师生气的学生就不爱；家长有权有势的学生就爱，家长条件一般的就不爱……诸如此类种种现象，都算不上是真正地爱学生。

好老师要在教学中关爱学生，一视同仁地对待每位学生。我们很多老师只重点关心学习好的学生，而那些学习差的则很少得到关爱，久而久之，就会给那些成绩差的学生造成心灵上的伤害，影响到他们的学习积极性。这样不但使班级整体成绩无法有效提升，还会在教学中造成不良的心理影响。

做好老师，要成为学生道德修养的镜子。做好老师就应该取法乎上、见贤思齐，不断提高道德修养，提升人格品质，并把正确的道德观传授给学生。师爱应该最终“能让学生对自身的力量和能力产生越来越大的自信心，最后使他成为自己的主人”。换句话说，就是能激发出学生最大的潜能，促进学生终身发展。师爱表达出来，是有条件的：学生做错了，就应该自己承担后果；你只有改变自己，使自己更优秀，这样的学生才能赢得老师的爱。我们也常说，严厉是爱，放纵是害。对学生的严格要求，是对学生的成长负责，对其发展负责。学习成绩优秀不能是不遵守学校纪律的借口，打抱不平的英雄经历也不能抵消以强欺弱的错误。总而言之，以正确的社会道德规范去要求学生，才能让学生更好地生存发展。培养学生树立正确的人生观、价值观、世界观是教育的重要目标。

好老师要关爱学生的身心健康。做好老师，不仅要研究教学业务，更要对学生进行研究，研究他们的心理特点和发展规律。苏霍姆林斯基说："教育者应当深刻了解成长人的心灵……只有在自己整个教育生活中不断地研究学生的心理，加深自己的心理知识，才能够成为教育工作的真正能手。"为此，老师一定要努力了解学生的心理特点，尊重学生的人格，与学生建立起和谐、平等、民主、相互尊重的师生关系，拉近与学生的心理距离。只有心理距离近了，才能让空间距离拉近。教师应主动关心、爱护每一个学生，给学生更多的理解和爱。但是老师也要把握好尺度，不然付出爱收获恨，将是老师的悲剧。

雨果曾经说过："世界上最广阔的是海洋，比海洋更广阔的是天空，比天空更广阔的是心灵。"可见，心灵的成长有多重要。做好老师就应该时刻关注学生的心灵成长，做学生的知心朋友，成长路上的引路人，培养他们完整的人格，让他们健康的成长。爱的本质是爱的传递，而非爱的奉献。如果老师对学生好，学生却对老师不好，那说明我们老师的工作有问题。爱是对爱的回报，爱需要爱的回报。单向的爱都是病态的爱，好老师不仅要爱学生，还要教会学生爱老师。在学生面前，在课堂上，老师的每一言，每一行，每一个决策，都直接影响学生心灵的成长和发育，希望我们每一位老师都能成为智慧施爱的好老师。

爱的事业还应该爱生活。好老师关爱身边的美好事物。什么叫生活？生活就是：生下来，活下去，并且尽量地活得更好——教育的宗旨，就是为了让人活得更好、更有尊严、更加自在。如果教育不能首先让教师活得好，活得更好，我们对教育的功用，还能有什么期许？还敢有什么指望？

学生接受教育，除学习知识外，更重要的是，学习生活，学习如何生活得更好。一个人不可能把自己没有的东西交给别人，一个教师，也不可能把自己没有的东西教给学生——不热爱生活的教师，怎么可能让学生热爱生活，怎么可能让学生因为他的教育而生活得更好？试想，连自己的老人、孩子都不疼爱，任由他们生病、疼痛、去世，而不闻不问，这需要怎样的铁石心肠？连自己的家人都不能好好爱的人，怎么可能教学生好好去爱？

相反，因一朵花开而欣喜，因战争中无家可归的孤儿而落泪，因一次朋友念及自己的生日而感动……这样有着丰富情感真性情的老师一定会感染学生热爱生命、热爱生活。所以，要当一个好老师，首先要成为一个真正的人，一个完整的人，一个合格的人——合格的儿女、配偶、父母。这是一个人最起码的责任，也是做老师的必要前提。

爱的事业也包括老师爱自己。身为老师，做教育，是职业，是本分，但是我们必须明白，教育，不是教师的全部生活，教学，也只是教师生活的一部分。一个优秀的教师，固然要爱教育，但是首先要爱生活。一个人固然应该爱别人，但是首先他要爱自己。试问，若是老师只知道一味地奉献，一点点耗尽自己，再拿什么资本去投入到日新月异的教育事业中呢？

爱自己要爱自己的身体。我们常说，身体是革命的本钱。如果我们对自己的身体都不爱护，又怎能做得长久的事业？以前我们总是赞美带病上课的老师师德高尚，认为病倒在讲台上就如同将士战死在沙场上，才算是壮美。可是，带病上课，体力不支，精神不济，不也是对学生的不负责任吗？拖延病情，连累家人，不也是对家人的不负责任吗？拖垮身体，危及生命，不也是对自己的不负责任吗？生病了，应该请假休息，调整身心，以健康的体魄、饱满的精神工作，这才是爱事业的体现，所以爱自己是博爱之源。

爱自己还要提高自己，加强学习。好老师的成长必须有一个过程。就如同一块璞玉，只有在精雕细刻地雕琢之后，才能有玉的温润和美显现出来。所以爱自己也应该像打磨璞玉一样，不断地学习成长，提升自我，完善自我，努力成为最好的自己。当一项工作做到游刃有余又能不断创新，不也是教育事业的更高的境界么？

早在几十年前，陶行知在自己的教育实践中，就明确地指出："千教万教，教人求真；千学万学，学做真人"。我们老师首先得是个"真人"，才能教导出真人来。俗语说："其身正，不令而从，其身不正，虽令不从。"由此可以看出，身教胜于言教，我们以身作则，热爱生活，学会关爱身边的一切美好事物，我们的孩子才会对生活报以歌声与微笑。

总之，仁爱之心是每个老师应该具备的品质。我国著名的教育学家夏丏尊先生曾说："教育没有情感，没有爱，如同池塘没有水一样，没有水就不成其为池塘，没有爱就没有教育。"爱不是胭脂，却能使学生心颜常驻；爱不是棍棒，用时却铿锵有力；爱不是翅膀，却能让学生乘风飞翔；爱不是魔术，却能让学生千变万化！无爱不成师。对于老师，爱学生、爱自己、爱生活是教师事业走向成功的起点，是教好学生的精神力量。

把孩子当作我们的老师

作为一个成人，尤其是职业人，我们很少像孩子们那样快乐。节假日带孩子，或业余陪伴孩子游戏时，看到孩子们那灿烂的笑脸、清灵的身形，我们难免心生羡慕，真想重回儿童时代，再做一次孩子，不由得就会幻想起那种无忧无虑的生活滋味。

西方人说，孩子是上帝派来教育我们的。成年人，应当把孩子当作我们生活的老师，让他们教会我们如何纯真，如何忘我。

孩子们在游戏中只是用心投入，不给游戏附加外在条件，不在乎游戏的任务与结果，只去感受游戏过程中点滴的快乐与满足。工作其实就是成人的游戏，也需要我们全身心地投入其中，而无暇顾及结果可能带来的得失。当我们这样做了，就会发现，原来工作是如此有趣、快乐。忘却得失的轻松心态会使我们易于发挥自己的全部潜能。理想结果的实现与否，就是顺其自然的事情了。

海尔集团的名言：工作就是过节。工作着，

快乐着。当我们放下得失的计较，忘记自己是谁，而把注意力集中在正在完成的事情上时，快乐就会来临。《圣经》上说，除非你能像孩子们那样，否则你不能进天堂。

那么就让我们努力超越自我，永葆一颗童心吧！

好心情造就好孩子

人心情不好的时候，通常是智商低下的时候。人的情绪不稳定，就容易说过头话，做出错误的，甚至荒唐的决定。无论你是家长或者教师，孩子怎么能够轻易听你的话，服从这样的指令？大人说错了，也要孩子服从，对孩子来说，不仅是困难的，而且是有害的！这是在造就奴才！是在侵犯孩子的独立人格，侵蚀孩子的自尊心。

所以，我们在心情不好或情绪不稳定的时候，千万不要急于做决定，也不要过多地发言，以免把不良情绪传递给学生，给学生错误的指示。作为教师，在学生面前授课时一定要保持良好的心情和心态，一个总是带着情绪、情商低下的老师怎么可能教好学生？

如果你经常心烦，你就会变得平凡。一个经常心烦的人不可能有激情和积极的心态去面对工作，面对生活，这样的人只会不断地抱怨，那么他的工作和生活就不会朝着幸福快乐的道路前进，而他也会因缺乏进取与成就而变得平凡甚至平庸。若是女人的话，就成为我们大家所说的怨妇。

经常生气的老师可能是学生的玩具。对于犯错的学生，老师不要轻易动怒。如果老师动不动就生气，发脾气，学生习惯了也就不再害怕了，见怪不怪，甚至会觉得这老师很好玩儿，看着老师生气很有趣。某些调皮捣蛋的学生就会认为自己可以随时调动甚至调侃老师，左右老师的情绪：我听话，老师就开心；我不听话，老师就生气。那么对我不喜欢的老师，或我感觉不好的时候，在课堂上，我就搞点小动作让老师生气，让他上不好课，玩玩儿老师。

德国教育家第斯多惠说过这样一句话："教学艺术的本质，不在于传授而在于激励、唤醒和鼓舞。"唯其如此，才能使孩子们保持良好的情绪状态，轻松愉快地投入到学习活动中来。老师要让孩子保持愉快的心情，给孩子减压。有研究表明，压力大、长期抑郁等，不仅不利于学生的学业进步，而且会影响长个儿；而愉快的心情有助于成长。

保持好心情，不仅是为了孩子的健康成长，其实是也为了我们教师自己的人生幸福。从现在做起，让我们教师、家长，让我们的孩子，让我们的学生，让我们的家庭，让我们所认识的人都有一个好心情。好心情造就好孩子，坏心情造就坏孩子。

心怀阳光，相信一切都会好起来！

好人才能是好老师

在现实社会里，人们常常把医生和老师等同看待，因为他们的工作性质是一样的。医生疗救人的身体，教师医治人的心灵。俗话说：医者仁心，那么师者也该是仁心。有仁者之心，必然是好人，好人才能做一个好老师。

好人，在字典里的基本解释是："品德好、行为端，乐于助人的人"，但如果这个好人做了老师，那他就不能仅是品德好，行为端，乐于助人了，他还要身体好、脾气好，工作态度好，课讲得好，与学生交流言语好，师生关系建设得好，家校联系进行得好。"好"的标准的确太多了，我想说做好老师最为朴素的一个条件就是善良。善良是一切美好品质之根。由善良又会生发出宽容、爱心、同情等许多美德。

好老师是善良的。老师心怀善念，才会平静对待学生的调皮顽劣，智慧地处理师生关系，呵护孩子的心灵。学生是未成年人，他们犯错误总是难免的，这不正是需要老师的引导和教育么？我们承认，现在的学生的确难管，而且熊孩子背后必有一对熊家长。遇到屡教不改的学生，老师要保持理智。如果老师心存善念，想到这或是家庭教育的缺失，或是社会环境的影响，或是特殊负面生活事件的打击等种种原因暴露出来的教育问题……好老师定会控制自己的情绪，管住自己的手和嘴，避免冲动。不然事情不仅不会解决，反而会愈演愈烈。有人说，打学生是老师无能的表现。在学生面前我们应该是智者形象，勇者形象，仁者形象。《论语》里说："仁者无忧，智者不惑，勇者不惧。"大将风度方显教师本色，表面上风平浪静，实则运筹帷幄。教书育人是我们的工作，要求我们不能感情用事。学生走偏了道，有了问题，要放正眼睛，放松心情。不急，不躁，不烦，慢慢地，耐心地一点点来。精诚所至，金石为开。再顽劣的学生也有内心脆弱的一面。泰戈尔有句名言："不是铁器的敲打，而是水的载歌载舞，使鹅卵石臻于完美。"教育不是生硬的说教，而是如水般细腻，润物无声。平等尊重，呵护孩子的脆弱的心灵，走进孩子的内心世界，自然会赢得孩子的尊重和认可。

好老师坚持"四个观念"：当教师不为发财；为学生不遗余力；爱学生不图回报；做管理不带私心。这四个观念的内涵就是淡泊名利、无私奉献、公平公正。陶行知先生"捧着一颗心来，不带半根草去”的奉献精神一直是激励教师的力量。无私奉献会让你深切地体会到教育幸福，无私的奉献也会让你真切地感受到学生的尊敬。奉献是一种美丽的教育情怀，而产生这种教育情怀，则来源于一个师者对教育的喜爱和理解。

一个老师只有热爱学生，才会依法执教，无微不至地关心学生的健康成长；才会爱岗敬业，乐于奉献，竭尽全力地去教育学生；才会自觉自愿地约束自己，规范自己的言行，更好地做到为人师表、廉洁从教。在教育过程中，老师无私地奉献师爱，既是教育成功的关键，又是衡量一位教师素质的重要内容。

好老师是公正的，不因学生父母的地位而态度“阴晴”变化，也不因谁的裙子更漂亮，谁的性格更讨巧就展露更多的微笑。公正的老师会把微笑倾洒于那些阳光照不到的课桌。好老师会以善良之心理解每一位家长的良苦用心。每个家长文化程度、教育背景、年龄性格、脾气秉性都不一样，但是有一个共同点，那就是每一个家长都爱自己的孩子。很多时候，学生犯错背后确有家长的原因。学生不能完成作业，一般有家长不检查，不督促，监管不得力的因素……老师不能把气撒到家长身上，不注意方式方法，就劈头盖脸数落家长一番，这样只会激化矛盾。即使家长碍于面子，嘴上不说什么，但是心里难免会生怨气。所以好老师会照顾家长的面子，委婉地提醒，能让家长发自内心地配合老师。

好老师是温柔的，不把乖戾与粗暴当作教具。要知道，粗暴是易仿制品，一个今天的受暴者很容易变成明天的施暴者。

好老师是有趣味的。一个对生活丧失趣味的人没有能力传播生命的欣悦，而一个怀着趣味之心的老师会让学生看见花的秘密，鱼的表情，树的忧伤与淘气。

好老师善于理解学生，也善于理解家长。好老师要让学生从老师的眼睛里看到爱和期待，爱意流淌，心心相印，那才是教育最美的意境。好老师不轻易生学生的气。每个老师在职业生涯中，总会遇到少数调皮顽劣、屡犯错误的学生。老师也是人啊，哪有不生气的。说一个老师没有生过学生的气，那几乎是不可能的。当老师不容易，当一个海纳百川的老师更不易。我们除了要有渊博的知识，崇高的品德，还得有健康的心理，宽阔的胸怀。事实上，我们生学生的气，一大部分原因都要归结到我们自己身上，都要归结到我们的个人素养、教育行为与教育方式上。我们身边有不少老师平时是很有激情，很有热情，很有亲和力的人，但一见学生，一进入班级或课堂就变了。如果老师要生学生的气，会有什么样的结果呢？常出现的情况是：解决问题生硬、粗暴，对犯错的学生恶语相向。师生之间毫无感情，学生不喜欢老师，老师又厌烦学生，正如胡适先生所说："世上最讨厌的事情就是摆一张生气的脸给人看。"我们可以设想，在这样紧张的师生关系下，我们的教育会有效果吗？

做好老师，心怀善念，才能更好地团结同事，精诚合作，促成教育事业长久和谐的发展。任何在职场中打拼的人无不面临着竞争与压力，有时还要面对错综复杂的人际关系。有时候，老师也会滋生猜忌、抱怨、嫉妒等诸多负面的情绪。如果我们以善良之心，与人方便，帮助别人，自然会赢得别人的尊重，获得良好的人际关系。当今的时代的流行语是：共享、人类命运共同体、跨界……作为新时代的老师，如果不能和他人协作，又怎么能成为新时代教育改革浪潮中的"弄潮儿"呢？与其互相拆台，不如相互帮衬扶持，精诚合作，结成工作中的好伙伴，谋发展的共同体。彼此搭台，好戏连台。

好老师还可以有很多种，比如学识渊博，比如授课有方。

避免教师的悲剧

教师的悲剧有两种，一种是自己的孩子没有教育好；另一种是她的爱不被学生理解，而且她爱得越深，学生越反感她。

不能教育好自己孩子的教师，不是好教师。教师要处理好一个孩子与一群孩子的关系。既不能为了一个孩子而牺牲一群孩子，也不能为了一群孩子而牺牲一个孩子。

每一位教师应该有这样的意识：要把自己的教育知识和能力首先用在自己的孩子身上，先把自己的孩子教育好。让我们的孩子以有当教师的家长为荣，让我们的家庭因有教师而幸福。这也能让我们做教师的人在教育别人的孩子时，更有说服力。

面对学生，教师只给好心，不给好脸，好心也难得好报。我们要避免“教师的爱不被学生理解，而且他爱得越深，学生越反感他”的悲剧。学生难管，有社会、家庭和学生自身的原因，也有教师的原因。我们要研究当今时代什么是适合学生的教育。苏霍姆林斯基说，不了解孩子，不了解他的智力发展，他的思想、兴趣、爱好、禀赋、倾向，就谈不上教育。今天做教师，不能闭门教书，闭门教育孩子。站得高才能看得远，登泰山而小天下。

我们要练就一双悦纳学生的眼睛，让学生能够从老师的眼睛里看到爱，让学生感觉得到你的关注。你不一定爱你的学生，但你既然从事了这一职业，就应承担相应的责任，你得关注学生的学习与成长，而且你不要将关注仅仅停留在意识里，而应让学生摸得着，感觉得到。你拾起学生掉在地上的橡皮，耐心回答学生的提问，常与学生谈心，甚至只是走道里的一声问候，这些都能让学生感觉得到被关注。

爱需要提醒

两天，16个小时，两位教师，62位参与体验的学友，还有提供了支持的学校领导、忠实的助教、幕后的食堂工友……一群可敬可爱的人共同完成了一次深刻的精神文化探寻之旅。

5月19—20日，我参加了翠微小学的生态德育体验式培训活动，不仅结识了新朋友，还有很多的发现与感动。

如果没有自己真实的体验，没有伙伴真诚的分享，没有刘教授深度的引导反思，我们很可能难以觉悟：自己在平日的忙碌与烦躁中对爱的日益迷失，对亲情、友情、师生情的淡漠，乃至背弃。奔波愈甚，操劳愈多，而自己想要的美丽人生却渐行渐远。这是现实，而这又是怎样的一种生活？

我们需要如此的警醒，我们需要审视自己的内心，我们需要找回那些本来就属于我们的与生俱来的真爱和真善，去达成生命中的和美，创造美丽人生。

爱是一种能力，是一种能去爱并能唤起爱

的能力。美好的人生是由爱所唤起的。马克思说过:“如果你的爱没有引起对方的爱，也就是说，如果你的爱作为爱没有造就出爱，如果你作为爱者通过自己的生命表现未能使自己成为被爱者，那么你的爱就是无力的，你的爱就是不幸的。”教师面对的是一个个生动活泼的孩子，是童心，而不是抽象的概念化的学生；教师引导的是人对美好生活的向往，美丽人生的追求。离开了真爱，则教育难免成空，更会造成人生的悲剧。

我们的生活是由我们的思想造就的。意识先于行动，爱需要提醒。如果我们每个人都能懂得爱护自己并珍视爱的心灵，让自己的内心始终保持一块纯洁无私的净土，永不放弃对真诚情感、善良人性和美好人生的执着坚定的追求，即使我们不能使所有人的世界变得更美好，至少也可以使自己的世界、孩子的世界更美好。

带着真爱走人生，有爱的人生才美丽。

老师不是学生的“恩人”

周末在海淀职工大学授课，我又深深地被学员感动。结课的时候，热烈的掌声响起来。学员的掌声开始是自发的，是出于礼仪，但很快掌声变得热烈而有节奏，持久不息。我心不安，一再鞠躬致意。这掌声震撼了我的心灵，我体会到一种深刻的幸福。我只做了一个老师应该做的事，而学员却给了我如此的厚爱。在幸福的感受中，我的心里生发出一种对学员的高度恭敬和真诚感激。

给学员讲课时，我一直很投入，不是矫情，而是出于内心，也是职责所在。老师不是学生的“恩人”，更不能以“施恩于人”的心态去工作，去给学生上课。有学生，才有老师。得到学生的认可和尊敬，才是真正的老师。因为有学生的无知与求知，才有老师的存在与发展。是学生带给老师受业、传道、解惑的讲台，展示学识才能的舞台与人交往交流的平台。是学生带给老师使命感和成就感。

在老师帮助了学生求知修身的同时，学生

也帮助了老师的专业成长和生命价值的实现。师生是人生旅途的同伴，各自在互动中发现自己、完善自己，追求真善美的人生。

不以学生的“恩人”自居，老师才能与学生一起成长。

有用于朋友是一种幸福

因为工作的便利，我时常获得新的学习资源。那些对生活、工作、学习有益的文献，常常让我收获内心的喜悦、敞亮与平静。在自己品读赏析之后，我不是据为一己之私，而是提供给朋友们分享。

那一个个邮箱在我眼里，不是地址的标识，而是一个个风采各异的性情中人。坐在电脑前，点击着鼠标，我静静地想起你，想起我的朋友，想你此刻在做什么，想你是否知道我在想你。

虽然看上去那也许只是一个群发的邮件，并非只有你，其实你能知道，有你，只是因为我在乎你，你是亿万人中走进我生命中的那个人。

写邮件时，我在想，当你看细雨湿衣的时候，当你听闲花落地的时候……是否会有我的身影，在你的天空掠过；而我在你的生活中，又是怎样的一种存在?

我只希望这邮件对你有用。在你偶尔读到来自我的邮件时，能够有一份恬淡的喜悦，有一份被惦念的感动。我不求回报，自然无所谓怨言，只求对你有益。让朋友因为有我而快乐。我把这种文献资源的支持视为对朋友的一种责任和道义，请您坦然接受之。

我愿意默默地提供支持给你，以无所求的心，做应该做的事。因为，我把有用于朋友视为一种幸福。

情有独钟

面对差生，要心疼，而不要头痛。这是许多专家常讲的一句话，很多人都知道，但实际能够做到的人就比较少了。因为它有点违背了人之常情。

做教师的，一般都比较喜欢那些成绩好、听话的学生，对这些孩子也显得比较耐心；而对那些成绩不好、不听话的学生，教师一般比较厌烦，耐心也少很多。

差生，其实是不良生活环境的受害者。也有人说，没有差生，只有有差异的学生。教师的责任，是用爱心唤醒“迷途的羔羊”。这对教师的情感和智慧，均是很大的挑战。

研究是出路。要改正学生的缺点是很难的，重要的是我们有没有发现、发挥学生的优点。

发展孩子优势是克服他缺点的最佳办法。——王建立

研究始于观察。真正的爱，是要对学生进行很好的观察。——张思明

改变一个学生的过程是艰辛、复杂和曲折

的，但倾心领略一个灵魂从迷茫到苏醒，再到振奋前行的全过程的人，则又是最愉悦、最幸福、最满足和最可爱的人。在陶行知中学和海淀寄读学校，就有很多这样的教师，他们就是最可爱的人。

2006年11月底，我应金校长、彭校长邀请讲座，再度走进陶行知中学；12月初，应肖校长、姚主任的邀请，第三次走进海淀寄读学校，与干部教师集中交流。在多次接触中，我了解到在这两所学校有很多教师对学校、对学生有着深厚的感情，他们在工作中肯于面对现状，不抱怨，有“自强不息，不服输”的韧性，脚踏实地，奉献精神强，从不计较个人得失。我从心底里敬重陶行知中学和海淀寄读学校人。

陶行知中学原是北京市第173中学，于1963年建校，至今已有43年历史，地处马甸地区，2003年更名为“北京市陶行知中学”。多年来，学生生源状况一直不是很理想。但陶行知中学的干部教师发扬“和谐、崇德、勤奋、创新”的校训精神，取得了骄人的业绩，已经将其建设为海淀区东部的窗口校。

北京市海淀寄读学校，其前身为北京市海淀工读学校，成立于1955年，是中国第一所工读学校，是中国工读教育的发源地。工读教育是我国普通教育的重要组成部分，它是以特殊的教育形式，对品德行为偏常，学习成绩差，家长教育失控，所在学校难以转变的中小学生，实施九年义务教育的学校。为了适应社会的发展，进一步发挥服务功能，1995年学校正式开办寄宿班，更名为海淀寄读学校。学校经过改革和发展，已成为该地区预防、教育、挽救、培养失足青少年的教育中心。学校也多次被评为市、区先进教育单位。2000年被国家教育部授予“全国德育先进学校”。

美好心情

盼望着，盼望着，暑假到了，我的心和小学生一样快乐地飞翔！放假的感觉真好，真美！对老师来说，暑假通常意味着逍遥自在的生活。而我的暑假一直是比较忙乱的，生活被安排得很零散，以至于结婚8年了竟从未有过携家人一道借暑假之便，外出旅游的先例。长期以来，每念及此，颇多愧疚。

今年暑假，借着奥运的喜庆，我们终于决定出趟远门。“奥运在北京，观光在大连！”多么令人充满想象而有魅力的口号！到大连去，去看大海，捉小螃蟹！吹海风，吃地道的海鲜，那光景一定无比惬意！

8月11日 —14日，我们游大连。滨海大道的风光，让人陶醉。绿叶与海水相映，丛林与海风合奏。汽车沿山路逶迤前行，走走停停，看看聊聊，游游荡荡，你会感觉自己竟与这里的风景达成了某种默契，你已在不知不觉中投身其中，也融入其中。

我们游览了圣亚海洋世界、星海广场和金石滩旅游度假区。圣亚海洋世界有迷人的珊瑚丛、色彩斑斓的热带鱼、威猛的大鲨鱼以及世界各地的珍奇鱼种，还有诙谐有趣的海洋动物表演，是个适宜小孩子玩耍的好去处。星海广场背倚都市，面临海洋，令人心胸开阔。广场中心有全国最大的汉白玉华表，这是个在大连乃至全国颇有影响的建筑物。到金石滩时，我们乘坐的是旅游快轨车，感觉没有预期的快，但早些年这车在中国是代表着旅游现代化水平的。

在大连，我还见到了老朋友孙老师。我们两家一起吃涮火锅，很是高兴。孙老师是我2004年在北京做培训时结识的朋友。几年来，我们一直联系不断，互通信息，节庆时候彼此问候。此番见面，让我感慨人生相遇之难得！人永远行走在路上，一路走来，我们所认识的每一个人，所经历的每一份感情，都是人生旅途中的风景，弥足珍贵！自己走过的道路，经历的心情，人间的一切都是无限美好的。

着手写下这些文字之时，已经是在暑假之后，新学期之初了，回顾暑假的出行，历历在目，仿佛就在昨天。那令人神往的美景，投身其中的体会，情景交融，此刻的我既满足于独自欣赏，又愿意与众分享，更期待着即将来临的美好明天！

失败更可能是失败之母

2008年8月9日，期待北京奥运首金的亿万观众目击了2004年雅典奥运冠军杜丽痛失金牌掩面落泪的一幕。杜丽眼泪哗哗地流，让人十分同情。与之相较，有谁见到比杜丽更为惨淡的赵某慧——一个一而再，再而三失利的中国射击名将，她在何处排遣心底的哀伤！？

2000年悉尼奥运会，中国军团夺取首金的大热门，当时的世界冠军、世界纪录保持者、赛前成绩极佳，年仅19岁的赵某慧，意外失手，无缘奖牌。此后，失利的阴影，一直笼罩在她的心上。

从悉尼到雅典，从雅典到北京，一到奥运会赛场上，赵某慧就打不出真实水平，更别说超常发挥了。赵某慧说，首次冲击奥运会金牌失利，“这种打击是致命的。每当我站在奥运会的赛场上，我就会不由自主地害怕，害怕会重演上届奥运会的遗憾”。8月9日在射击馆，赵某慧在女子10米气步枪的资格赛中，在第一组10发子弹打完之后，就被宣判了无缘决赛，因为她的成绩实在太差——前10发只打出了4个9环，根本无法与其他高手相提并论。越打越没信心，赵某慧终于在资格赛结束之后，以389环的成绩彻底告别了北京奥运会。

人们常说，失败是成功之母。其实，只有一部分人能够从失败走向成功。对大多数人而言，成功才是成功之母，失败更可能是失败之母。失败是痛苦的，是人们所不愿见的。生活中常见的是，一次失败导致一连串的失败，甚至一次失败铸就某些人一生的失败。

为人师者，不能轻易置学生于失败的境地，要多激励学生，善于实施成功教育，给学生成功的机会和平台，助其成功，积小胜为大胜，步步扎实，必定成功。为人师者，更要善待学生的失败，重视学生的失败，加强对学生的关怀和辅导，引领学生把失败看作人生的财富而非包袱！从失败中学习，从失败中寻找成功的希望，增强成功的信心，从失败走向成功。

也许，对赵某慧来说，就此退役，反倒是一种“解脱”。中央电视台的某知名主持人在评论赵某慧的失利时说：有一种成功是在冲击巅峰中的一次又一次失败。站在痛苦之外规劝受苦的人，是件很容易的事。我想，此说法是很难被当事人赵某慧认同的。

幸福在于休闲

周末，我们几个朋友家庭相约结伴，远赴京郊房山钓鱼。

一路上，孩子很兴奋，不时问我还要多久才能到达。青草掩映的公路在树木苍翠的峡谷里蜿蜒，大大小小的鱼池山庄夹道连绵，招商揽客的旗帜五彩缤纷。山转，水转，路也转，不疾不慢的行车，漫无焦点的浏览，看天蓝、水绿，觉景美、风清……。那亲近自然的快乐，不经意间，早已如同清冽的山泉，涌流心田。

执杆池边，遥想姜太公的意境，还有纪晓岚的诗兴，体会着难得的垂钓之情。其实，我更多的心思是在孩子那里，时时关注着孩子垂钓的神态，品味孩子无鱼上钩时的期待、专注、焦急、失落，鱼上钩时的兴奋、激动、快乐、得意。垂钓，我大多乐在孩子和朋友们的钓鱼乐。钓鱼之旅，给我带来了悠长的清新感觉和绵延的天伦之乐。

马克思说，自由时间是人类真正的财富。

凯恩斯说，解除经济忧患之后，如何利用闲暇时间提高生活质量，是人类面临的永久性问题。人在休闲中，才容易超越或摆脱物质利益的纠缠。人际关系的紧张与冲突多数情况下是工作压力过大造成的。简单劳动主要导致生理疲劳，而复杂劳动则容易导致精神疲劳和心理压力。

无论多忙，多辛苦，我们做教师的人，都要努力创造机会和家人朋友在一起，一起休闲度假，一起娱乐放松。这不仅有助于我们缓解工作带来的精神疲劳，及时释放心理压力，更将成为我们人生的财富，孩子幸福的回忆，家庭美好生活的动力。

我的学车记

回首学车事，心内起波澜。从2007年4月驾校报上名，到10月18日晚路考通过，其间搭进“五一”和“十一”两个黄金周，再加上一个暑假，历时长达半年之久，我才走完学车拿驾驶本的路！

事非经过不知难。早就听人说，读书好静坐的人，学车不容易；但也有学识不薄的朋友告诉我，其实没那么难。毕竟只是听说，感觉还是比较轻松的，也没啥压力，顶多我只是调低了自己的心理预期——别人学得好一两个月就拿下，我笨点用三个月怎么也能学完吧。等到踏上学车之路，我才真切地体会到学车的艰难！

先前，我对汽车基本上是没有了解的。第一次当学生，坐在驾驶员的位置上，有点手足无措，教练在一旁讲解、指点，什么离合器、档位、手刹、脚刹、油门。我好像都能够听明白，频频点头，说“是”“明白”“好”；可是一做起来，就发现脑子不够使了，真是顾此失彼——要么结合点没找好，离合器抬得太快，离合器抬得太高；要么忘了看镜子，没有找好该对准的点，点对的不好；要么想起找点，点已经错过了……折腾了半天其实什么也没做好。单是学车的第一步“拉抽屉”，就是最简单的前进、后退，我就练了两个半天还多。接下来是贴库、倒库和移库，教练基本上是循序渐进地教，我也就按部就班地学着。

虽说抬离合，看镜子，松手刹，挂挡，这每一件事我都会做，可是组合到一块儿，我就手忙脚乱，调控不了。教练50多岁，人很忠厚，也有耐心，可他也慢慢有些受不了我的笨拙，语气越来越重，有时他会猛踩一脚刹车，吓我一跳，也会嚷我：“怎么搞的?!”被教练一训斥，我心里不好受，有压力了更加发挥不好。教练问我：“我刚跟你说的，你听了没有?”我说：“听了，听清楚了，只是我想做好却做不到、不会做。”我很尴尬，心里又气又急，但更多的是无奈和苦笑。看看有的学员那么熟练，方向盘在他们手里像玩儿似的，再看看我，紧紧抱着方向盘，恨不得使出全身的劲儿。要说我学习工作通常不比别人差，怎么学车就这么难呢，我的自信心受到考验——我承认本人的肢体动作能力确实不咋地。

面对了现实，进一步降低心理预期和自尊

水平，我把自己摆在更低的位置上。接受了我真的比别人要笨一些的现实之后，我反倒轻松了许多，不再急于做动作证明自己不笨。平静接受教练的训斥，我反而可以悉心体会动作要领了。教练着急，我也不急。挨批评了，我也微笑接受，并立即做自我批评。我的态度，让教练逐渐也变得平和了。有一次，他都被我的忙乱给气乐了，对我说“我都不知道怎么教你了。你回去后想一想，下次来的时候告诉我，怎么能够把你教会吧”。我笑着回应道：“教练，您这教育理念和新西兰教育家克里斯蒂一样，很前卫！”

凭着决不放弃、不怕挨批、不惜时间、一定要学会的心气，我终于把学车的路走了下来。路考那天，虽然我是夜考，却很简单，只开了不到5分钟就下车了。学车难，难不在考试！

我们常讲教师与学生要换位思考，而今有了这一番做学生的经历，我对今后如何做教师又有了更加深入的认识。学生听明白和动手会做，可以说是两回事、两个阶段。当学生不会做时，可能不是因为不明白。明白了，未必能够做好。这两者间的距离需要反复多次的练习，才能跨越。老师的批评、训斥往往无益于学生问题的解决；相反，宽容、鼓励和等待可能更有助于帮助学生。我相信，这些体验会有助于我的教师生活的进步。换位思考，谈何容易！也许只有在我们有亲身体验之后，才能够真正地实现，或者说，较好地做到。

不要错失陪伴家人的时光

家庭是社会的细胞，幸福人生根在家庭。家庭幸福是职业幸福的基础，职业幸福又是家庭幸福的补充，家庭幸福不在于拥有了多少金钱名利，而在于营造了多少温馨和睦。好老师要平衡好家庭生活与学校工作，正确处理个人与集体之间的关系。家是我们栖息的场所、停泊的港湾、心灵的归宿，家人是节衣缩食的母亲，是起早贪黑的父亲，是嗷嗷待哺的孩子……我们不只是学生的老师，还是父母的孩子，孩子的父母。《周易·家人》中说："正家而天下安矣。"的确，世界上再没有别的图画比家庭这幅图更动人的了，我们又有什么理由不去呵护好根，守护好家人？

好老师，要成为好儿女，不错失陪伴父母的时光。我们尽孝也要尽早。"树欲静而风不止，子欲养而亲不待。"儿童文学作家、北大中文系教授曹文轩，将他和父亲的真实经历融入到了自己的创作中，推出《草房子》《根鸟》《青铜葵花》等一系列优秀的作品。长期忙于著书的他，有一天突然接到了家人的电话，得知父亲心脏病突发，想跟他说说话。父亲用微弱的声音叮嘱他：“我会好起来的，你不要急着往家赶，你写你的东西。人家都说，文轩是个大孝子。”不幸的是，这是父亲留给他的最后一句话。当曹文轩正起身赶往老家时，再次接到电话：“爸爸他走了”。这一次，用曹文轩自己的话来说“不是分别，而是诀别，是分别里最让人无法接受的告别”。其实，不只是曹文轩，很多人对此都深有体会。作为老师，我们的工作辛苦而繁琐，整天忙于处理学校、学生或家长的事情，无暇顾及自己的家人。作为子女，我们的父母也在逐渐衰老，常常是他们最需要我们的时候，我们不在他们身边。总有一天，他们会离我们而去。“百善孝为先”，趁父母还健在，多腾出时间尽孝心，不要让一味地等待变成永远的遗憾。正如一首歌中唱道：“常回家看看。”父母安康，我们才最踏实。

好老师，要成为好父母，不错失陪伴子女的时光。好老师会把学生像孩子一样教育，也会把自己的孩子当作学生来培养。我们首先是孩子的父母，参与孩子的成长和教育，恰恰可以成为施展教育宏图的一个重要的蓝本，而学校教育实践的经验又可与教育子女的教育方式实现互通有无。曾听到一个孩子这样评价自己的母亲："你是一位称职的老师，却不是一位合格的妈妈。"环顾周围的老师，我们总能发现一个惊人的事实——能把自己的学生培养成才的不少，但能把自己的孩子培养成才的却并不多。再优秀的老师，如果没有把自己的子女教育好，其优秀的程度都是十分有限的。人的一生中，孩童时代的可塑性是最强的。孩子在成长过程中，若缺少父母的陪伴，缺乏正确的引导，很容易出现人格上的缺陷。家庭教育至关重要，而家庭教育的前提在于高质量的陪伴。身为老师，尽管面对繁重的教学工作，也必须把自己子女的教育问题当作重要的人生课题来对待。身为父母，陪伴孩子成长的机会只有一次，要多投入一些时间和精力，为他们的健康成长保驾护航。

好老师，要成为好丈夫或好妻子，不错失陪伴爱人的时光。在家庭的各种关系中，最重要的是夫妻关系。夫妻关系和谐，是整个家庭和睦温馨的基础。中国人民大学历史学院老师丁某曾在微信朋友圈发长文，称妻子张某于2017年7月23日在海淀区定慧西里东门公交站附近乘坐一辆出租车由南向北走，前往北京西站坐车回太原探亲，之后就音讯全无。他在文中写道："老婆，你快回家吧！我保证这是最后一次吸烟，我保证每天给你做饭，我保证陪你逛街……只要你赶快回来，我愿用我余生所有的好运，换回你的平安归来。”网友看到后，纷纷帮助转发寻找。丁老师自责一直忙于评职称和搞科研而忽略了妻子。“如果没有出差，我肯定会陪她一起去车站坐车，不至于留下她一个人。”遗憾的是，如今已确定张某溺水身亡。丁老师再有多么感人的誓言也无法换回爱人的生命。

中小学老师的工作状态虽不同于高校老师的那种学术研究，但每天为备课、上课、批改作业、教育学生、联络家长等诸多琐事奔波，能够陪伴自己家人的时间屈指可数。即便回到家，也往往会把职业倦怠和负面情绪带给他们，这不但不是爱，反而是一种伤害。

人生短，岁月长，念亲恩，最难忘。陪伴是最长情的告白，它是买不到也赎不回的奢侈品，也是我们对家人最含蓄的爱。所以，请不要等到时光流逝，头发花白，无能为力的时候再说我陪你。趁现在，好好陪在家人的身边，哪怕是陪父母聊聊天，为孩子做顿饭，和爱人看场电影。如果不能，请至少记得忙完之后及时与他们联系，别让爱迟到。

永葆宽容之心

好老师要有一颗宽容之心，面对学生有宽宏的气量。对学生的不足有正确的认识，对学生的错误严格而不严厉，对学生的领悟有足够的耐心。每一颗心都需要爱，需要温柔，需要宽容，需要理解。每一个孩子都来自纯净无邪的地方，都应该是人间万分疼惜的天使。法国著名诗人雨果曾说:“世界上最宽阔的是海洋，比海洋更宽阔的是天空，比天空更宽阔的是人的胸怀。”宽容是一种智慧，老师具备了宽容，才懂得尊重学生，才能用心爱学生。

宽容是一种态度，好老师要从尊重每一个学生开始，正确看待学生的不足，允许学生自身的不成熟，接受学生的任性、淘气，像爱他们的优点一样去包容他们的缺点。自古以来，没有“海量”就做不了好老师，因为你要接纳一群孩子“大闹天宫”。相信许多人看过法国经典影片《放牛班的春天》，影片在两位风烛残年的老人的对话中展开，皮埃尔和派皮诺翻开已故老师马修的日记，尘封的回忆又将他们带回了当年的池塘之底，那个让他们差一点放弃尊严、丢掉方向的学校。池塘之底的学生大多来自问题家庭，他们自暴自弃、顽固不化，盲目自大中透露着绝对的自卑，恶劣行为的背后其实是一颗颗永远在闪躲的脆弱的心灵。但命运似乎并未放弃他们，在一成不变的生活中，马修的出现让他们重燃希望。音乐老师马修来到这个学校后，不满于池塘之底校长的残暴高压教育。在他眼中，所有的学生都有其优秀的一面，即使有不足也是正常现象。于是，他尝试用自己的方法改善现状，组织合唱团，用歌声逐步打开了学生们封闭的心灵，一群被人离弃的孩子也得以才华横溢。

宽容是一种方式，好老师要巧妙应对学生的错误，以爱为前提，在严格要求的基础上柔软处理，通过无声的教育，使学生感受到道德的力量。这不禁让人想起陶行知先生用四颗糖果教育一个犯错误学生的故事。陶行知当校长时，一天，他看到一名男生用泥块砸同学，当即制止，并令他放学后到校长室。在了解情况后他回到办公室，发现那名男生正在等他，便掏出第一颗糖递给他：“这是奖励你的，因为你很准时，我却迟到了。”接着又掏出第二颗糖：“这也是奖励你的，我不让你打人，你立即就停止，说明你很尊重我。”该男生半信半疑地接过糖。陶行知又掏出第三颗:“据了解,你打同学是因为他欺负女生,说明你有正义感,应该奖励你。”这时,那名男生已然泣不成声了:“校长,我错了,我砸的不是坏人,是自己的同学。”陶校长这时掏出第四颗糖:“你已经认错,我们的谈话也结束了。”在整个事件的处理过程中,陶老先生没说一句批评的话语,却让那个犯错误的男孩深刻认识到自己的错误,这难道不是一种宽容的爱吗?正是这种宽容的爱,转化成一种前进的动力,鼓舞着孩子不断前进、健康成长。

宽容是一种境界,好老师要学会忍耐和等待,忍耐学生的错误,等待学生的改进,甚至对一而再、再而三犯错的学生泰然处之,而不是针锋相对,得理不饶人。教育需要时间,学生的发展是有漫长过程的。一本广受国内外青少年喜欢的小说——《麦田里的守望者》,全书以青少年的口吻来叙述故事。书中的主人公是一位16岁的中学生霍尔顿·考菲尔德,他出身于纽约一个富裕的中产阶级家庭。霍尔顿整日穿着风衣,戴着猎帽,游游荡荡,不愿读书。他看不惯周围的一切——势利的老师、虚伪的同学、繁重的功课,因而老是挨罚,曾三次被开除。等他第四次被开除时,他不敢回家,便只身在美国最繁华的纽约城游荡了一天两夜,住小客店，逛夜总会，滥交女友……在百无聊赖消磨时光的同时，他的内心又十分苦闷，企图逃出成人世界，去寻找纯洁与真理。这种精神上无法调和的极度矛盾最终令他彻底崩溃，躺倒在精神病院里。人生是一个不断修行的历程，有时候，懵懂的孩子会选择把自我的不满和内心的小叛逆藏匿起来，看似屡教不改，实则有症结存在。假如霍尔顿遇到一个可以忍耐和等待他的老师，他的人生会不会就此不同呢？我想，答案也就不言而喻了。

“金无足赤，人无完人。”每个孩子都有自己的缺点，而这些缺点对他们来说往往也是学习新东西的机会。好老师要正视学生的不足，善于挖掘学生的潜力。“人谁无过，过而能改，善莫大焉。”好老师要包容学生的错误，用宽广的胸怀撑起孩子的天空，让他们感受到人情的温暖，有机会改过自新。教育是一门慢的艺术，就像种花，一边浇水施肥，一边欣赏，静待花开。好老师要用等待的心情，守望每一个含苞待放的花朵。请记得，“你的教鞭下可能有瓦特，你的冷眼里可能有牛顿，你的讥笑中可能有爱迪生，你的骂声中可能有爱因斯坦”！永葆一颗宽容之心，偶尔放他们一马，看着他们调皮或脸红也是一种别样的风景。

拥有一颗爱学生的心

好老师要拥有一颗热爱学生的心，涵养师爱，以情促教。爱，是人类永恒的主题。师爱是人类复杂情感中最高尚的情感，这种爱没有血缘和亲情，没有私利与功名。教育是一门温暖的功课，做好老师要有仁爱之心，没有爱就没有教育。这就不简单等同于父母爱子女，而是一种对国家、民族的大爱在教师身上的体现，是一种无私的爱。“疼爱自己的孩子是本能，而热爱别人的孩子是神圣!”老师就是那个热爱别人孩子的人。“世界上没有两片完全相同的树叶”，不同的学生是有差异的，好老师要同等地去关心爱护他们。德国哲学家雅斯贝尔斯在《什么是教育》中曾说：教育本身就意味着一棵树摇动另一棵树，一朵云推动另一朵云，一个灵魂唤醒另一个灵魂。育人之道，爱心为先。只有懂得爱学生的老师，才会真正被学生所爱。

好老师的爱是大爱，不是简单的私人感情，是一种基于工作的爱，一种基于职业的爱。这种爱是一种由衷的热情，从不求回报，不计得失，不掺一丝杂质，甚至如张丽莉一样，舍生忘死地去呵护自己的学生。2012年5月8日，“最美女教师”张丽莉在一辆客车突然失控并冲向学生的危急时刻，本可以躲开逃生的她，不顾生命安危，挺身而出，为抢救两名学生而被卷入车下遭到碾压，以至双腿高位截肢。她把生的希望留给学生，把死的危险留给自己，以柔弱的身躯撑起一片生命的天空，用行动谱写了一曲感天动地的大爱赞歌。交通事故是偶然的，但张丽莉老师舍身救人的事迹却不是偶然的。那情急之下的壮举，是本能，更是责任、爱心、无私和崇高。大爱无声，张丽莉如同一支飘散着淡雅清香的杏花，一个她，芬芳着一座城。

好老师的爱是友善的爱，对学生的教育和引导要充满爱心和信任。“亲其师才能信其道，信其道才愿受其教。”一个慈爱的眼神，一句轻声的教导，一份贴心的关怀，皆透着真情、透着智慧。这种爱如同春风化雨润桃李，而不是“恨铁不成钢”的爱。有“铁榔头”之称的郎平，自执教女排国家队以来面临许多难题。刚上任时她就直言队员“基本功太差了”，但她并没有一味批评训斥。中国精英赛、大奖赛分站赛、大奖赛总决赛一路打下来，郎平一直都循循善诱，耐心引导弟子。比如，女排因在伦敦奥运会上曾被日本队淘汰，总决赛客场再碰到日本队时难免有压力。此时，郎平的一句“打日本，我这老胳膊老腿地上去都行，你们怕什么!”顿时，在一片笑声里，姑娘们就有了劲头。

好老师的爱是平等的爱，认同差异，不厚此薄彼。好老师着眼于学生的个性，着力于学生的成长，善于理智地爱学生，公平地对待学生，注重学生的人格培养。曾有一条名为《博兴某小学老师体罚学生 只因没过60分》的信息，在微信朋友圈、微信群疯狂转发。内容是：“博兴蔡寨中心小学老师打学生，打了好几个。孩子回家不敢说，洗澡的时候被家长看见了，再三逼问才说出是科学老师打的，瘀青三天都没消去。”据了解，因学生刘某的科学测验没考过60分，潘老师便对其进行了体罚，而且凡是没及格的同学都要挨打。消息得到证实后，学校对涉事老师进行了处理。这也启发我们要科学管理，以人为本，真正爱学生，而不是爱分数。总有一些稍微落后的学生，不能用粗暴的态度对待他们，应因材施教。不爱学生，无法成为好老师。心中若没有对学生的爱，工作即负担。

爱是一种能力，也是一种艺术，只有用心认真去爱，我们的学生才会个个可爱。师爱是阳光雨露，可以温暖一切；师爱是无私奉献，可以忘却一切。师爱是一种信任、一种尊重；

师爱是一种追求、一种激情。正如苏霍姆林斯基所言,“要像对待荷叶上的露珠一样小心翼翼地保护学生幼小的心灵,晶莹透亮的露珠是美丽可爱的,但却十分脆弱,一不小心,就会滚落破碎,不复存在,学生的心灵,如同脆弱的露珠,需要老师的倍加呵护”。让孩子生活在微笑和关爱中,犹如让花草生活在春风雨露里。愿每一位老师倾尽自己的爱,为学生的心灵筑起一道温暖的屏障,用爱培育爱、激发爱、传播爱。

教育并不仅意味着“管教”

任何一个人的成长，都离不开教育，但教育并不仅仅意味着“管教”。不能因有学生对教师的批评提出“我怎么了”，就断言老师很难从学生那里获得尊重。或许有些老师对学生的言听计从已经习惯了，容不得学生再提出一个“为什么”，也怕动摇自己的权威地位。不要忘记，我们的教育工作者是在培养人，面对的是各方面都还不成熟、需要知识和爱来熏陶和净化的人。更不要一方面承认教师和学生人格上是平等的，另一方面在课堂上又不予以承认。

苏联教育家马卡连柯说过：“爱是一种最伟大的情感，它总是在创造奇迹，创造新的人，创造人类最伟大的珍贵的事物。”学高为师，身正为范，不是空洞的说教，是一种充满爱心和智慧的诠释。它可以使学生自卑者自尊，落后者上进，悲观者看到希望，冷漠者燃起激情，让学生心灵开放出灿烂的花朵。

没有对自己教育对象的深厚感情，而一味地说现在的学生不服“管教”，只能说明我们的教育需要改进的地方还有很多很多。我们的学生需要“管教”，需要一种充满爱心和智慧的“管教”，而不是那种粗暴的训导。

“管”而有度，“管”中有自由；“放”而谨慎，“放”中有约束。如此的教育，才是艺术；如此的教育理论，才算深入；如此的教育工作者，才真正走向了成熟。

应当说，当今中国的教育一定程度上存在“双重缺失”，有时候是宽容、激励、沟通的缺失，有时候是约束、惩处、管教的缺失。在某些方面、某些时候，缺失的是前者，某些方面、某些时候，缺失的又是后者。

让教师成为让人羡慕的职业

最让人羡慕的职业是这样的：前景美好、氛围友好、社会地位高、自己喜欢、收入很高……其实最让人感到幸福又令人羡慕的职业是为自己打工。为自己打工不是下海经商，也不是学而优则仕，而是通过一门能陪伴自己成长的专业，自己倾注心力，并享受幸福美好的生活。

教师要对自己的职业有认同感和归属感。教师是人类灵魂的工程师，是天底下最光辉的职业，理应受到尊重。《礼记》中讲道："凡学之道，严师为难。师严然后道尊，道尊然后民知敬学。"陶行知先生说："在教师手里操纵着幼年人的命运，更操纵着民族和人类的命运。"

老师的地位是崇高的、神圣的，但总有些人习惯把老师限制在三尺讲台之上，更有人常常刻意把老师塑成清贫一生的形象。我们要让越来越多的人明白老师绝不是什么机器上的一颗螺丝钉，可以任人摆布。老师是有自我追求的人，大写的人。老师是知识分子，是古代"士农工商”中阶层最高、最受尊重的“士”，自身的学识和修养是受人尊敬的。哪怕只是小小的一名师范生，只要肯努力钻研专业，就能在校园里做出大学问、大事业。课堂是小社会，社会是大课堂。在课堂这块自留地里，老师完全可以开创出一番天地，成长为教育的行家、专家、教育家。

老师的职业价值是独一无二的。老师的每一天都是在与生命对话，看到生命成长是幸福的，听到生命拔节的声音是喜悦的，老师的内心充盈是用任何名利无法衡量的。

芬兰在国际上是教育领先的国家。它是北欧的一个小国，但一直是国际教育的“朝拜圣地”。在芬兰，教师和律师、医生都是受大家尊重的专家，教师是芬兰人心目中首选的职业，中小学教师受民众敬重的程度，甚至超过总统和大学教授。

古语有云：“国将兴，必贵师而重傅。”2016年教师节，习总书记到八一学校看望和慰问师生，发表的重要讲话情真意切。总书记在讲话中要求“各级党委和政府要满腔热情关心教师，让广大教师安心从教、热心从教、舒心从教、静心从教，让广大教师在岗位上有幸福感、事业上有成就感、社会上有荣誉感，让教师成为让人羡慕的职业”。2018年1月发布的《中共中央国务院关于全面深化新时代教师队伍建设改革的意见》中明确提出，要不断提高教师的地位待遇，真正让教师成为令人羡慕的职业。

老师要学会自己解放自己，自主自信的老师才会享受当老师的职业幸福。当下普遍存在教师职业倦怠的现象，究其原因主要是很多老师认为每天在做与自己无关的事，在为他人做“嫁衣”。只有当老师主动研究学生、研究课堂，没有来自各方的强迫和控制时，师生的心灵和精神才得到了解放，工作才会变得自由轻松。老师都有自我实现的需求，要注意自我尊重，尊重并研究自己的实践，及时记录反思自己的教育生活，做好小课题研究，增强成果意识。一边耕耘一边收获，及时集成自己的教学成果。

好老师用研究的心态和思维方式推进每一项工作，每一项工作力求留下经验、思想和观点，凝练成方法、策略、流程和模式等，以总结、报告、案例、论文、著作为载体进行固化。有了成果，就要推广成果，勇于发出教育人的声音。当老师看见自己的学术成果在书刊上出现，就会获得成就感。有了自由和成就感，就有了源源不断的激情与活力，自然就不会倦怠了。

当你发现自己每一天都在进步，每一天都是积极阳光的，你会发现自己的笑容更加灿烂，每一天的生活都充满希望，在努力的道路上，你会收获更多的尊重，结识众多志同道合的朋友，培养出能思考如何引导人类向前发展并享受其中快乐的人才。

一个尊敬老师、热爱知识的社会才会有光明的未来。让教师成为让人羡慕的职业是一个民族进步的标志。

后 记

每位老师都有自己心目中好老师的标准。成为好老师，需要我们用一生去追求。我写这本书的目的，不一定是要告诉别人好老师成功的法则或捷径，主要是想通过写作对自己过去的教师生涯进行一番整理。在审视自己的过程中，完善自己，超越自我。本书所写的只是我个人的一点心得。如果读了这本书，读者对教育工作多了一点认识，对老师多了一些理解和支持，对希望成为好老师的人提供了一些启示，那就是我的无上荣幸了。

台上一分钟，台下十年功。做一名老师真难，真好！教育很复杂，很困难，也很有意思。教育是心心相印的工作。做教育需要老师付出大量的时间和精力，不止需要知识，还有经验、技能和感情。有什么样的老师，就有什么样的教育。好老师可遇而难求。现实中，老师都是能力有限的人，能力有限的老师也可以是好老师。老师不可能方方面面都比学生强，最重要的职责是启蒙和激励学生，传递正能量，发出好声音，激励学生焕发出向上、向善、向前的动力，激发学生的自信心、自主性与创造力。更多的时候，老师与学生是一种同伴的关系、互助的关系、共生的关系。

好老师往往既是管理学生的行家，又是学科教学的专家。新时代的好老师要在新型师生关系、课程开发与整合、有效教学、教育技术应用等重要领域深入研究，积极解决教育教学中的实际问题。

好老师是学出来的，也是干出来的。现在社会变化非常快，科技发展日新月异。好老师要紧跟时代步伐，包括信息网络带来的学习方式方法的变化，要以学应变，终身学习，学以致用，为用而学；还应注重研究，富有创新精神，不断改善自己的教学方法，从而以更好的自己，培养更好的学生。愿我们每个人都能遇见好老师。愿我们每名老师都能成长为新时代的好老师。

教育是育己育人、成人成事的美好事业。老师培养一个好学生，或者改变一个问题学生，常常需要经过一个长期、艰辛、复杂、曲折的历程。正是这个陪伴、见证、引领学生成长的过程，给予老师领略“关怀人心，启迪智慧，联结古今，沟通中外，培育民族精神，传播新思想”的激动、愉悦和幸福。老师最根本的任务是立德树人，并通过对人的培养去塑造民族的未来，影响国家的命运。

我怀着忐忑的心情，把书稿拿出来交给中央民族大学出版社，得到出版社社长兼总编辑、全国新闻出版领军人才赵秀琴教授和策划编辑罗丹阳博士的悉心指导，他们给了我倾吐心声、切磋交流的机会；感谢副社长兼副总编辑吴云老师、副总编李苏幸老师、校对胡菁瑶老师等人的辛勤工作，他们让我深为感动。本书在写作过程中得到了许多友好人士的帮助，他们是北京师范大学亚太国际教育培训中心主任张超、副主任刘利，大同市名师培养对象张筱光、岑辉、罗丽琴、师美琴，北京师范大学附属中学京西分校刘梦晓，在此我表示衷心的感谢！在我的成长路上，父母、妻子、女儿、妹妹给予我无限的包容、一贯的支持和深厚的关爱，我知恩感恩，铭记在心。书中尚有许多不尽如人意的地方，真诚地欢迎读者批评指正，以便我在今后的修订中更改完善。